KB067435

삶, 여정, 이끄심

삶, 여정, 이끄심
일기日記로 쓴 삶과 신앙고백서

2022년 8월 1일 초판 1쇄 펴냄

지은이 | 은준관
펴낸이 | 김영호
펴낸곳 | 도서출판 동연
등 록 | 제1-1383호(1992. 6. 12.)
주 소 | 서울시 마포구 월드컵로 163-3
전 화 | 02-335-2630   전 송 | 02-335-2640
이메일 | yh4321@gmail.com
블로그 | https://blog.naver.com/dong-yeon-press

Copyright ⓒ 은준관, 2022

이 책은 저작권법에 따라 보호받는 저작물이므로 무단 전재와 복제를 금합니다.
잘못된 책은 바꾸어드립니다. 책값은 뒤표지에 있습니다.

ISBN 978-89-6447-821-9 04040
ISBN 978-89-6447-772-4 (세트)

삶

여정

이
끄
심

일기_{日記}로 쓴
　삶과 신앙고백서

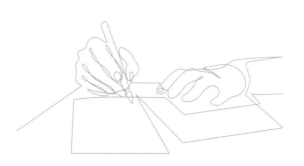

은준관 지음

동연

이 고백서는
나의 손녀, 손자들을 위해 남기는
할아버지의 삶의 드라마이다.

릴리 - Lili Un(손녀)   장자 은원형 목사 딸
존 - John Un(손자)   장자 은원형 목사 아들
진호 - Oliver(외손자)   장녀 은원예 집사 아들
호근 - Harry Chang(외손자)   차녀 은원주 집사, 사위 장홍준 집사 아들
용근 - Gideon Chang(외손자)   차녀 은원주 집사, 사위 장홍준 집사 아들
요셉 - Joseph Un(손자)   차남 은원길 집사 아들
시몬 - Simon Un(손자)   차남 은원길 집사 아들

한 삶은 길든 짧든 그것은 하나의 '내러티브'(narrative)이고, '드라마'(drama)이며, '역사'(history)이다.

이 드라마에는 '시작'(alpha)이 있고, '리듬'(rhythm)이 있으며, 때로는 이 이야기 저 이야기를 끊어놓기도 하지만, 그러면서도 깨진 조각들을 다시 이어주는 '단락'(plot)이 있어서, 언젠가는 모든 이야기를 매듭짓는 '끝'(omega)이 있다.

아직 끝에 이르지는 않았지만, 나는 '종막'(epilogue)을 향해 달려가는 삶의 리듬을 잠시 멈추고, '서막'(prologue)에서부터 걸어온 삶의 리듬을 반추하고 성찰하고자 한다.

그러기에 이 글은 회고록이 아니다. 이 순간까지 나의 삶과 동행하시며, 신비롭고 거룩한 손길로 친히 이끌어 주시는 크신 하나님 앞에 드리는 고백이고, 참회이며, 신앙고백이다.

2022년 8월
일산 서재에서

차 례

| 예수님 초상화 - Lili Un 작품(송신애 작가 지도)

은준관 목사 이력

출생일   1933년 12월 9일(호적: 음력 7월 9일)

출생지   황해도 옹진군 서면 동오리 염불시

학 력

1949년 5월   동광중학교(황해도 옹진 소재) 졸업

1952년 12월   서울농업중학교(구제 6년) 졸업

1957년 5월   감리교신학교(구제 4년) 졸업

(6·25 동란 중)

1962년 5월   Duke University, Divinity School 졸업

Master of Theology degree(Th. M.)

1968년 5월   Pacific School of Religion, Berkeley,

California 졸업

Doctor of Theology degree(Th. D.)

삶, 여정, 이끄심

경 력

1952~1953년	학도유격대 통신대장(공시명 Donkey 11연대 8240 소속)
1957~1960년	육군 군목(중위) 28사단
1964~1968년	시카고한인감리교회 담임목사
1968~1975년	감리교신학대학 교수 및 기독교교육연구소 소장
1975~1979년	정동제일감리교회 담임목사
1979~1999년	연세대학교 신과대학 교수, 학장, 대학교 교목실장, 대학교회 목사
1980~1988년	San Francisco 신학교 adjunct professor(장신대 협약)
2005~2014년	실천신학대학원대학교 설립. 1, 2대 총장
	실천신학대학원대학교 명예총장(현직)
	사단법인 어린이청소년교회운동본부 교육원장
	담임목사 포럼 운영위원장
	TBC 성서 연구원 이사장

| 저술 |

『교육신학』(1977년 기독교서회 저술상)

『기독교교육 현장론』

『신학적 교회론』

『실천적 교회론』

『구원사 성서 연구 - TBC』(편저) 4권 외 다수

| 논문 |

"When the Korean Merthodism abolished the guaranted appointment system" 외 다수

| 수상 |

1977년	기독교서회 저작상 『교육신학』
2006년	감리교회상
2010년	20세기 북미 기독교교육인 선임
2010년	PSR Distinguished AlumniAward
2013년	호국영웅상 – 대통령상
2014년	모교를 빛낸 자랑스런 동문상(감신)

| 가족 |

장남	은원형 목사, Diana
	손녀 – Lili Un
	손자 – John Un
장녀	은원예 집사
	외손자 – 송진호 Oliver
차녀	은원주 집사, 사위 장홍준 집사
	외손자 – 장호근, 장용근
차남	은원길 집사
	손자 – 은요셉 Joseph Un
	손자 – 은시몬 Simon Un
동생	은길관 장로, 강경옥 권사
동생	은병관 집사, 이순 권사

삶, 여정, 이끄심

1
막

회심

(回心, metanoia)

1장

출생, 주일학교, 해방

1933~1947

나는 1933년 7월 9일(음력) 무더운 한여름, 황해도 옹진군 가천면 동오리 염불시, 극히 부패하고 타락한 한 시골 장마당에서 아버지 은 영순 탁사(후일의 교회 직분)와 어머니 정태규 권사(후일의 교회 직분)에게

| 저자 유년시절

서 태어났다.

숙명적으로 가난한 집에서 태어나시고 성장하신 아버지는 무학(無學)하신 채, 일찍이 장사에 투신하셔서 자수성가하신 상업가이셨다. 어머니는 양반집 규수였으나 집안이 기울면서 역시 '무학'하신 채, 은씨 가문에 시집을 온 터였다.

동네 이름은 황해도 옹진군 서면 동오리 염불시(念佛市)였다. 불교의 염불(念佛)과는 관계가 없는 '염불시'라는 이름이 어디서 왔는지, 그 출처를 아는 사람은 아무도 없었다.

부모님은 동네 중심에 큰 집을 짓고, 큰 포목상을 운영하셨다. 5일장이 서는 날이면 가게는 온종일 손님들로 들끓어 점심을 거르곤 하셨다.

오후 6시경 폐장이 되면 냉면으로 저녁을 드시고 두 분만이 약속한 암호(code)로 그날의 수입을 회계장부에 기록하셨다. 어린 눈에도 두 어른의 경영술은 늘 놀라움과 경외로 다가오곤 하였다. 이때 나는 증조 외할머니의 손에서 자랐다. 기억은 희미하지만, 할머니는 키가 크고 인물도 훌륭하셨다.

염불시(念佛市)는 약 70여 호가 살고 있던 장터 동네였다. 그러나 5일장으로 먹고사는 이 동네는 '술, 기생, 도박, 싸움, 깡패, 무당'까지 두루 갖춘 매우 부도덕(不道德, immoral)한 동네였다. 장날뿐만 아니라 평일에도 이 동네는 늘 술 취함과 싸움이 끊이지 않았다. 그 속에서 자란 나는 어린 마음에도 그 동네를 몹시 싫어했고, 언제든 탈출하고 싶었다.

그런데 나는 학교에 가기도 전에 늘 책 하나를 옆구리에 끼고 다녔다고 한다. 그리고 고집이 센 아이로 유명했다고 한다.

이 부도덕한 동리 뒷산 중턱에는 초라한 초가집 예배당이 자리하고 있었다. 전형적인 시골 예배당에서 새벽, 주일, 수요일, 부흥회가 열릴 때면 종을 크게 울리곤 하였다. 종소리는 동네를 넘어 다른 동네까지 널리 퍼지곤 하였다. 그러나 예배당에는 가난하고 소외된 어른들과 아이들만 출석할 뿐, 시장배들은 예배당에 관심조차 가지고 있지 않았다.

나는 부잣집 자식으로 태어나 호의호식하며 살았던 터라 예배당에 들락거리는 가난한 아이들과 어른들을 경멸하고 무시하는 건방진 아이였다.

그러던 어느 해 가을, 농작민으로부터 거둬들인 쌀을 창고에 가득 채운 부모님은 밤늦게 무당을 불러 굿판을 벌이셨다. 깜짝 놀라 깬 나는 굿이 끝나기도 전에 굿판을 밟고 밖으로 뛰쳐나왔다. 그리고 부모님에게 강하게 항의하였다. 나는 당시 무신론자였지만, 왠지 굿은 누군가로부터 벌을 받는 미신이라고 느꼈기 때문이었다.

1940년은 일제강점기 종반이었다. 그때 내 나이는 7살이었다. 일본은 이 동네에 국민학교조차 세우지 않았다. 그때문에 동네 수십 명의 아이와 나는 40리 밖 북쪽에 위치한 '가천국민학교'에 매일 통학을 해야 했다. 그때 나는 아버지께서 사주신 작은 자전거로 통학하면서 다른 아이들보다는 수월하게 통학을 하고 있었다.

그러나 그때 어린 눈에 비친 가천국민학교는 공포스러운 분위기로 얼룩진 군대 학교 같았다. 콧수염을 한 일본인 교장은 군복을 입고 칼을 차고 학교를 억압적 분위기로 만들고 있었다. 칼을 차고 교실에 들어온 일본인 교사들은 우리를 '조선인'(조센징)이라고 부르며 깔보고 무시하는 거친 언어들을 거침없이 쏟아냈다. 그때 어린 마음 한구석에 새겨진 '반일감정'(反日感情)은 일본 전체를 증오하는 적대 감정으로 싹트고 있었다.

1943년 나는 3학년까지 가천국민학교를 다니다가 당시 황해도의 수도, 해주시(海州市)의 행정국민학교로 조기 유학을 떠났다. 조기 유학은 부모님이 아들을 통해 이루려는 '보상심리'(報償心理, compensation) 같은 것이었다.

당시 해주시에 사시는 외할아버지와 외할머니의 돌보심이 조기 유학을 가능하게 했으나, 나는 열 살이라는 나이에 일찍이 부모를 떠나 살아야만 했다. 그때부터 나는 이별과 고독이라는 아픔과의 싸움을 시작해야 했다.

해주시 유학은 고독과의 싸움 못지않게 도시와도 싸워야 하는 또 하나의 싸움터였다. '군중 속의 고독' 그리고 '생존을 위한 몸부림'은 나도 모르게 나를 반도시인(反都市人), '안티 어반'(anti urban)으로 만들고 있었다.

1944년 제2차 세계대전이 절정에 이르러 일본이 밀리기 시작했고, 나는 해주 행정국민학교를 휴학하고, 다시 가천국민학교로 복귀하였다. 고향으로 돌아온 기쁨은 잠시, 매일 40리길을 오고 가는 통학의 고통을 감내해야 했다.

그런데 그때 나에게 새 짝이 생겼다. 그 짝은 우리 동네 목사님의 둘째 아들, 박신원이었다. 전에는 친하지도 않고, 관심도 없었지만 신원이는 너무도 착하고 성실했다. 그래서 조금씩 가까워지고 있었다.

삶, 여정, 이끄심

그러던 어느 날 신원이가 갑자기 "준관아, 너 오는 일요일에 주일학교에 오지 않을래?"라고 말을 건네 왔다. 몹시 당황한 나는 한마디로 "아니 싫어. 주일학교에 안 가" 하고 퉁명스럽게 대답했다.

　그러나 다음 날 신원이는 똑같은 어조로 "주일학교에 안 올래?"를 반복하는 것이 아닌가? "아니, 싫어. 안 가." 나는 짜증스럽게 다시 대답했다.

　그러나 신원이는 포기하지 않았다. 똑같은 어조로 몇 달을 되풀이하였다. 지친 쪽은 오히려 나였다. 어느 날 나는 소리를 벌컥 질렀다. "그래. 네 소원대로 주일학교에 가 줄게. 그러나 딱 한 번이야."

　1944년 늦봄 어느 일요일 아침, 신원이와 약속한 일요일이 다가왔다. 주일학교가 시작하는 시간도 모르고 생전 처음으로 예배당을 찾아 나선 은준관! 아침 8시 30분에 예배당에 도착했다. 그러나 아무도 없었다.

　주변을 서성거리는 나를 발견하고 먼저 말을 건네신 분은 신원이 아버지이신 목사님이셨다. "준관이 왔어?" 목사님의 말씀이었다. 존함은 박용익 목사님. 목사님은 이 부도덕한 동네에 외롭게 홀로 서 계신 신사이고, '식자'(識者)이며, 근엄한 분이셨다. 나는 가까이에서 목사님을 처음 뵈었다. 학자형의 근엄한 모습과 부드러운 음성에 나는 압도되었다.

　9시, 목사님이 친히 예배당 안으로 나를 인도하셨다. 생전 처음 예배당으로 들어서는 순간이었다. 교회 문을 여는 순간 예배당에는 아무도 없었다. 그런데 그 안에 누군가가 계시는 것 같았다. 보이지 않는 분의 '임존'(presence) 같은 것이었다. 그리고 그분의 숨결이 느껴지

| 박용익 목사님과 함께

는 것 같았다.

엄위하신 분의 임재하심과의 만남! 그 순간은 몹시 무섭고 떨리는 순간이었다. 그러나 그 순간에 나는 '회심'(回心, metanoia)을 경험했다. 극히 짧았던 그 순간, 교회 창문 사이로 비친 아침 햇살은 강단 위의 '놋 십자가'를 비추면서 나를 더욱 황홀경으로 몰아넣었다. 이 경험 이후 나는 한번도 주일학교를 빠지지 않았다.

그때는 아직은 일제강점기 말, 우리말이 금지되었던 때였다. 하지만 우리말로 드리는 주일학교 예배, 기도, 설교, 우리말 곡조로 부르는 찬송가, 우리말 분반공부는 그동안 일본 문화에 찌들고 찌든 내 영혼을 깨우는 하늘의 소리들이었다.

그리고 그해 겨울에 부른 크리스마스 새벽송 그리고 교회 강단에 서서 100여 명 교인들 앞에서 "믿음이냐 행함이냐"라는 제목을 걸고

삶, 여정, 이끄심

행했던 웅변대회 경험은 나를 '부도덕한 동네'(immoral village)로부터 새로운 세계로 출애굽시키는 영혼의 탈출로 이끌었다.

1945년 해방 이후 중학교 1학년 때부터 나는 주일학교 서기, 보조 교사가 되었다. 그리고 오늘까지 주일학교는 나의 소중한 삶의 일부가 되었다.

2장

해방, 부도덕한 동네의 변신

1944년 여름 나는 주일학교 학생이 되고, 새로운 신앙의 세계와 만나면서, 나라 잃은 조국의 한(限)과 신앙의 세계라는 두 세계를 동시에 사는 이중 시민이 되고 있었다. 그리고 타락한 동네를 넘어 미지의 세계를 꿈꾸는 꿈쟁이(dreamer)가 되고 있었다. 멀리 보이는 산 너머 어딘가에 새로운 세계가 있을 것 같았다. 알지 못하는 유토피아(utopia)를 꿈꾸며 망향(望鄕)에 살고 있었다.

그러던 1945년 8월 20일, 그날은 몹시도 무더운 여름날이었다. 그때 나는 가천국민학교 6학년이었다. 그런데 아침 10시에 갑자기 동네 사람 100여 명이 작은 막대기 하나씩을 들고 우리집 앞마당에 모여들었다. 그리고 박용익 목사님이 우리집 안으로 들어오셨다. 아버지와 대화를 나누는 모습을 보며 나는 심상치 않은 일이 벌어지고 있음을 직감했다.

그리고 아버지는 어머니와 잠시 말씀을 나누시고는 장롱 깊이 숨

삶, 여정, 이끄심

겨 두셨던 포목을 50cm 길이로 잘라 100여 개의 조각을 만드셨다. 그리고 교회 청년들은 조각난 포목을 들고 나가 마당에 서 있는 100여 명에게 나눠 주었다. 50cm 천을 받아 든 동네 사람들은 그 자리에 엎드려 목사님의 지시를 따라 천 위에 무언가를 그리기 시작했다. 우리나라 태극기(太極旗)였다. 생전 처음 보는 태극기!

그때 나는 놀람과 두려움으로 이 신기한 장면을 지켜보고 있었다. 그리고 점심도 거른 채 오후 2시, 손수 만든 태극기를 손에 든 동네 사람 100여 명은 목사님이 인도하는 애국가를 따라 부르기 시작했다. "동해물과 백두산이 마르고 닳도록…." 눈물 반, 웃음 반으로 부른 애국가 연습은 30분이 지나서야 끝났다.

오후 2시 30분경 연습이 끝나자, 박용익 목사님은 사람들 앞으로 다가서서, 정중하게 "여러분, 일본이 드디어 항복했습니다. 우리나라가 해방되었습니다"라고 큰 소리로 외쳤다. 이때 사람들은 태극기를 들고 "조선 독립 만세"를 소리치기 시작했다. 애국가를 부르다가 독립 만세를 소리치고 다시 애국가를 부르는 함성은 무려 두 시간 동안 계속되었다.

이때 나는 문 뒤에 숨어서 이 놀라운 광경을 지켜보고 있었다. 금방이라도 일본 경찰들이 달려들어 모두를 총살할 것만 같았다.

1945년 8·15 해방은 이 작은 동네에도 많은 변화를 가져왔다. 일본에 강제로 빼앗기던 쌀 공출, 강요된 신사참배, 일본식 교육, 성씨개명 등이 하루아침에 없어진 것만으로도 해방이 얼마나 소중한 것인가를 실감하는 순간이었다.

그리고 동네는 즉시 자치위원회(自治委員會)를 결성했다. 지난 20여

년 동안 기(氣) 한번 펴지 못하고 숨어 사시듯 했던 박 목사님이 동네 자치위원회 위원장으로 추대되셨다.

박 목사님은 동네 유지들을 규합하는 일부터 착수하셨다. 우리 아버지도 자치위원이 되셨다. 사업으로 성공하신 아버지는 평소에도 가난한 사람들, 특히 소작인들에게 너그러운 지주(地主)셨다. 당시에는 비기독교인이셨지만, 아버지는 박 목사님과 함께 자치사업을 적극적으로 지원하셨다.

아버지는 '염불시 소방대장'으로 선출되시고 '간이 소방차'(사람들이 손과 발로 물을 끌어 올리고 물을 뿌리는 달구지형 소방차) 하나를 구입하셔서 동네에 기증하셨다. 그리고 목사님과 아버지 그리고 동네 유지 몇 분은 돈을 보아 농네 끝사락에 동명 국민학교(東明國民學校)를 세우셨다. 그리고 임시정부로부터 인가를 받았다.

박신원과 나는 가천국민학교를 그만두고 6학년 한 학기를 이곳에서 마치고, 제1회 졸업생이 되었다. 이때부터 학교에 무관심했던 동네 어른들은 서둘러 자식들을 학교로 보내기 시작하고, 부도덕한 동네는 서서히 '도덕'(道德)과 '공동선'(共同善)을 추구하는 동네로 변하기 시작했다.

일제강점기, 동네에서 외면당했던 초가집 예배당이었지만, 동네 어린이 80%가 주일학교 학생이 되고, 우리 어머니를 비롯한 동네 어른들 50%가 새 신자가 되면서, 주일예배와 주일 밤 예배, 수요예배 그리고 새벽기도회는 신자들로 인산인해(人山人海)를 이루곤 하였다. 1년에 한 번 열리는 부흥회는 온 동네와 이웃 동네의 큰 축제가 되었으며, 동네를 변화시키는 회심으로까지 이어졌다.

　　　　　　　　　　　　　　　　삶, 여정, 이끄심

일제강점기의 오랜 박해, 배고픔 그리고 눈물 속에 심었던 복음의 씨앗은 그대로 썩어 없어지는 듯하였다. 그러나 하나님은 그 그루터기를 들어 쓰셔서 한 동네 그리고 옹진이라는 큰 지역을 새로운 세계로 변화시키고 계셨다.

특별히 염불리교회 교회학교와 동명국민학교는 이 동네 100여 명의 어린 영혼을 새로운 세계로 인도하는 촉매가 되고 있었다. 이 경험이 후일 나를 '기독교교육학'의 세계로 인도한 고리였는지도 모른다.

'주일학교'(主日學校, Sunday School)!

얼마나 아름다운 이름인가? 민족의 혼을 일깨우고 민족의 신앙과 영혼까지 키워낸 하나님의 학교였다.

2
막

38선

3장

민족 분단과 동광중학교

1945년 8월 15일(일명 8·15)은 일본의 압제로부터 풀림을 받은 대한민국의 출애굽이었다. 이때의 민족적 감격은 수십 년 동안 빼앗겼던 자유와 정체성을 되찾는 동력으로 승화되고 있었다.

그러나 기쁨은 잠시, 주도권 싸움에 생명을 건 소련(Soviet Union)의 스탈린(Stalin)은 자국의 정치적 목적은 숨긴 채, 이 아름다운 강산을 38선으로 자르면서, 멀쩡한 산하와 민족의 숨결을 두 동강으로 갈라 놓았다.

이 글을 쓰는 2022년 5월 바로 이 시간,
스탈린의 추종자, 러시아의 푸틴(Putin)은
우크라이나를 불법 침공하고, 무차별 공격,
민간인 사살을 감행하면서, 60여 년 전
악마 스탈린을 그대로 흉내 내고 있다.

이때 이 민족에는 구심점도, 외세에 저항할 능력도 없었다. 독립의 의미를 소화하기도 전에, 이 땅과 민족은 또다시 속국 아닌 속국으로 전락하고 있었다.

바로 이 비극이 38선이었다. 육안으로는 보이지 않는 38선이 우리 동네 북쪽 15리를 가로지르면서, 우리 동네는 남한으로, 건너다보이는 북쪽 동네는 공산당 치하로 갈라놓았다. 내가 다니던 가천국민학교는 공산당 손에 넘어가 버렸다.

눈으로는 식별되지 않는 38선! 그러나 이 선이 이 민족을 다시 죽음으로 몰아넣는 사선(死線)이 되고 있었다. 38선 북쪽을 차지한 김일성 공산당은 날로 호전적으로 변하고, 방어에 나선 우리 동네는 경찰관 몇 명과 자치대 청년들이 방어하는 수준이었다.

1946년, 계속되는 정치적 혼란 속에서도 나는 동명국민학교를 졸업하고, 60리 떨어진 옹진읍의 '옹진중학교'에 입학하였다. 다시 집을 떠나 유학길에 올랐다.

옹진중학교에서의 첫 학기! 집을 떠난 외로움도 문제였지만, 극히 열악하고 불친절했던 하숙집 생활은 더없이 괴로웠던 기간이었다.

그러나 옹진중학교의 첫 학기는 나에게 두 가지 의미를 주었다. 하나는 '한국사'(韓國史) 시간이었다. 한국사 선생님은 키가 크고 철학적으로 생기셨던 분으로 기억된다. 그의 한국사 강의는 투철한 역사관과 민족의 얼을 담은 명강의였다. 나는 그때 처음으로 우리나라 역사와 역사관(歷史觀)을 배우고 있었다. 생전 처음 접하는 한국사, 나는 외로운 하숙방에서 밤새도록 교과서를 읽으면서, 우리 역사의 흐름을 보기 시작했다.

삶, 여정, 이끄심

그러던 어느 날 선생님은 학생들에게 한국 역사의 줄거리를 암송할 것을 요청하셨다. 그러나 일어서는 학생은 아무도 없었다. 침묵이 3~4분 흘렀다. 그런데 갑자기 내 가슴이 요동치기 시작했다. 그리고 나는 무의식중에 손을 번쩍 들었다.

그 순간 50여 명의 반 학생들은 나에게 시선을 집중하였다. "네 이름이 무엇이냐?"라고 선생님이 물으셨다. "은준관입니다." 그리고 나는 일어서서 단군신화를 유창하게 설명했다. 교실 분위기는 쥐 죽은 듯이 조용해지고, 선생님은 "잘했다"라고 칭찬하셨다. 그리고 나는 갑자기 전교에 유명한 아이가 되었다.

그리고 얼마 후 같은 중학교 2학년에 재학 중이던 사촌 누나, 은응현에게 연락이 왔다. 여자 기숙사 사감 선생님이 나를 아침 식사에 초대했다는 전갈이었다. 나는 하숙집 아침 식사를 건너뛰고 여자 기숙사로 달려갔다.

나를 맞아주신 선생님은 오주경 사감 선생님*이셨다. 누나와 여학생들 틈에 앉아 식사를 시작하는 시간이었다. 이때 오주경 선생님은 기도 속에 내 이름을 놓고 간절한 기도를 드렸다. 그때 나는 속으로 많이 울었다. 선생님을 통해 주시는 하나님의 은혜를 경험하는 감사의 눈물이었다.

그리고 나는 옹진중학교 한 학기를 마치고 집으로 돌아왔다. 아주

---

* 오주경 선생님과의 인연은 25년 뒤에도 이어진다. 1975년 내가 정동제일교회 담임 목사로 부임했을 때 이화여고 사감이시면서 정동제일교회 장로님이셨다. 이때도 선생님은 어려운 목회를 위해 나와 아내를 많이 도와주셨다. 그리고 1978년 불의의 교통사고로 세상을 떠나셨을 때 내가 선생님의 장례 예배를 주관하였다.

열악했던 하숙집을 떠나 돌아온 내 집, 넓은 공간, 어머니의 따뜻한 밥은 5개월의 피로를 한순간에 날려 보내게 했다. 그리고 부모님께 대한 감사 그리고 고향 집에 대한 긍지 같은 것이 내 온몸을 감싸고 있었다.

1946년 중학교 1학년 여름방학은 그렇게 좋을 수가 없었다. 고향 교회에서 드리는 예배, 주일학교 보조교사 봉사, 친구들과 함께한 낚시질은 행복 그 자체였다.

이제 여름방학이 끝나고 가을학기를 준비하는 때였다. 그런데 갑자기 옹진중학교로 돌아가고 싶지 않은 생각이 나를 억누르기 시작했다. 바로 그때 박용익 목사님은 또 하나의 모험을 시작하고 계셨다. 그것은 동명국민학교(東明國民學校) 설립에 이어 기독교학교인 동광중학교(東光中學校)를 설립하여 2학기에 들어가고 있었다.

동광중학교! 천막을 겨우 면한 이 학교는 옹진중학교와는 비교도 되지 않는 열악한 학교였다. 그러나 사람을 키워야한다는 목사님의 교육철학은 38선을 넘어 피난을 온 기독교인 교사들을 반강요, 반설득으로 영입하는 모험으로 이어갔다. 오늘의 말로 목사님은 이미 '학문의 수월성'(academic excellence)을 추구하셨던 선구자였다.

8월 말이 가까워 오면서 옹진중학교를 다니던 동네 친구 몇 명이 옹진을 포기하고 동광중학교로 전학하는 것이 아닌가? 결국 나 홀로 옹진중학교로 가야 하는 처지에 놓였다. 이러지도 저러지도 못하고 있던 8월 말, 대단히 매력적인 선생님 한 분이 동광중학교에 등장하셨다. 평양북도 강계여자중학교 영어교사이셨던 김영균 선생님이 이 학교 영어 교사로 오신 것이다. 이때 나는 이상하게 가슴이 뛰기 시작

| 동광중학교 재학생들과 김영균 선생님(앞줄 가운데)

했다. 무언가 새로운 세계를 접하게 될 것 같은 예감 때문이었다.

1946년 가을 나는 옹진중학교를 자퇴하고 동광중학교 학생이 되었다. 기도회로 하루를 시작하는 동광중학교는 옹진중학교와는 완전히 다른 분위기였다. 그리고 한국의 미래는 덴마크의 그룬트비 같은 농촌지도자의 손에 달려 있다는 박용익 목사님의 교육이념에 따라 일반과목 외에도 농업과 성경 과목을 추가하였다.

그러나 동광중학교에서 경험할 수 있는 하이라이트(highlight)는 영어 수업이었다. 영어 문장을 읽은 후 학생들은 문장을 먼저 문법적으로 분석한 후, 문장을 해석하고, 모든 단어는 스펠링(spelling)까지 암기해야 하는 특유한 수업 방식이었다.

이것은 김영균 선생님만의 특유한 교수법이었다. 이로 인해 영어 시간만 되면 학생들은 초주검이 되곤 하였다. 그러나 나는 그 시간이 마냥 즐겁기만 했다. 3년 동안 나는 영어 수업에서 모두 A를 받았다.

4장

혹독한 운명의 장난

　1946년에서 1949년 봄까지 38선이 가로지른 분단에도 불구하고 우리 동네는 비교적 평온했다. 박 목사님과 교회가 중심이 된 이 동네는 '비도덕적 사회'로부터 '신앙적 마을'로 서서히 변신하고 있었다. 중학교 3학년까지 이 모든 진행을 지켜보면서 나는 이 신비한 역사의 진행을 감사하고 있었다.

　그러던 1949년 5월 어느 날 새벽 2시, 갑작스러운 따발총 소리(소련제 자동 소기관총)가 이 동네를 한순간에 공포 속으로 몰아넣었다. 공산군이 동네를 기습하고 집들을 향해 총을 난사하는 2시간, 이때 동네는 한순간에 죽음의 지옥으로 변하고 있었다.

　총소리에 잠에서 깨신 어머니는 이불을 둘둘 접어 창문을 가리고 나를 깨우셨다. 그때 아버지는 토지 매입 과정에서 사기를 당해 재판 때문에 서울에 가 계셨다. 동생들, 재관이와 길관이는 세상모르고 잠을 자고 있었다. 공포에 질린 어머니와 나는 밤을 지새우며 아주 불길

한 예감에 휩싸였다. 죽음에 대한 공포 같은 것이었다.

아침이 되자 공산군은 물러가고, 어머니는 아침 식사를 지으시고, 나와 동생은 밥을 먹고 등교를 위해 집을 나섰다. 그런데 전쟁에 휩싸인 동네는 아수라장이 되고, 사람들은 보따리를 싸 들고 피난길에 오르고 있었다.

큰살림을 꾸려 가시던 어머니는 아버지 없이 어찌할 바를 모르고 며칠을 버틸 수밖에 없었다. 그러나 밤이면 밤마다 동리를 습격하고 동네를 향해 무차별 난사하는 공산군의 무자비한 만행은 3, 4일 더 계속되었다.

이때 용기를 내신 어머니는 옷을 가득 채운 '장롱'(지금도 막냇동생이 보관 중) 하나와 재봉틀 그리고 쌀 3, 4가마를 달구지에 싣고 나와 동생들을 데리고 무작정 동네를 떠났다. 그러나 이것이 고향과의 영원한 이별이 될 줄은 아무도 몰랐다. 집을 떠난 우리가 갈 곳이라고는 아무 데도 없었다. 38선으로 인해 반도로 변한 옹진군은 사면이 바다뿐이었다.

무작정 남쪽으로 달구지를 몰고 간 곳은 이름 모를 서해(황해) 바닷가 한 작은 어촌이었다. 어느 한 집의 부엌에 돗자리를 펴고 피난 그 첫날밤을 보냈다. 그날 새벽 어머니는 어촌 언덕에 올라가셨다가 우리 동네가 불바다가 되고 있는 장면을 목격하고 실신하셨다. 우리집은 물론 전 재산이 한순간 한 줌의 재로 변한 것이다. 공산주의자들의 만행과 잔악성은 일본의 압제를 넘어 동족까지도 말살하는 악마로 변하고 있었다. 이때 우리는 한순간에 부자(富者)에서 거지로 추락하였다.

졸지에 '집 있음'(landed people)에서 '집 없는 방랑자'(landless people - vagabond)로 추방당한 것이다. 실낙원! 그것은 아담과 하와의 이야기만이 아니라 바로 나의 이야기였으며, 이 혹독한 운명의 장난은 긴 시간을 요하지 않았다.

그때 내 나이 16살, 중학교 3학년이었던 나에게 이 운명의 장난은 이해되지도, 이해하기에는 너무도 버거운 비극으로 다가왔다. 당시 신앙이 옅었던 나의 마음 깊은 곳에는 하나님을 의심하는 저항 같은 것이 일어나고 있었다.

바닷가 어촌 집 부엌에서 며칠을 지내는 동안 밤이면 밤마다 어머니는 눈물로 지새우곤 하셨다. 그리고 어느 날 어머니는 나를 향해 당장 서울로 올라가서 아버지를 찾아야 한다고 명령을 내리셨다. 명을 받은 나는 다음 날 아침 작은 보따리 하나와 돈 몇 푼을 들고 홀로 서울을 향해 떠났다. 걷고 또 걸어 옹진읍에 도착한 나는 이모님 집에서 하룻밤을 지새웠다.

다음날 나는 온종일 길을 묻고 물어 '강령'(당시 인천과 옹진반도를 오고 가는 유일한 항구)까지 도달하였다. 그러나 막상 갈 곳이 없었던 나는 하룻밤을 바닷가 선창에서 지새울 수밖에 없었다. 여름이기는 하지만 아는 이도 하나 없는 강령 선창가! 끼니를 거른지 벌써 두 번, 허기와 외로움은 선창가의 노을을 더욱 쓸쓸하게 만들고 있었다.

그때, 어른 한 사람이 선창가를 향해 다가오고 있었다. 그리고 나를 유심히 쳐다보시더니 말을 건네 왔다. "너 혹시 준관이 아니냐?" 그때 나는 놀라 벌떡 일어나 "네, 제가 준관인데요"라고 대답했다. 그때 어른은 미소를 지으시며 "나는 너의 외삼촌이 되는 사람이다"라고 말씀

삶, 여정, 이끄심

하셨다.

　그는 어머니의 사촌동생이었다. 당시 옹진읍 세무서 과장이셨다. 강령에 출장을 오셨다가 저녁 식사 후 선창가에 산책을 나온 터였다. 외삼촌은 자신이 묵고 있는 여관으로 나를 데리고 가서 특별히 주문한 밥상으로 나의 주린 배를 채워주셨다. 그리고 고향에서 일어난 모든 이야기를 경청해주셨다. 그날 밤, 집을 잃은 후 10여 일을 배고픔과 외로움으로 지친 나는 깊은 잠에 들었다.

　이 신기한 만남! 지금도 나는 그때의 만남을 우연(偶然)으로 보지 않는다. 말로는 풀 수 없는 어떤 분의 '경륜'(經綸, providence)이자 인도하심이었다고 믿는다.

　그다음 날 아침, 아침 식사를 함께 한 외삼촌은 나를 선창가로 데리고 가셨다. 그리고 인천으로 떠나는 여객선 선장에게 귓속말로 무언가를 당부하시는 듯하였다. 선장은 고개를 끄덕이며 인사를 나눴다.

　강령을 떠나 10여 시간을 항해한 여객선은 밤 11시경에야 인천항에 도착했다. 배 안에서 나는 세끼를 모두 굶어야 했다. 승객들은 도시락이나 삶은 계란으로 끼니를 때웠지만, 뱃삯도 없는 나로서는 도시락은 생각할 수도 없었다.

　생전 처음 다다른 인천항! 전깃불이 환하게 비추는 항구 도시! 이때 옹진 촌놈은 배고픔도 잊은 채 이 대도시 앞에서 넋을 잃고 있었다.

　뱃삯을 내지 못해 당할 곤욕 때문에 나는 끝줄에 서서 죄인처럼 배에서 내리고 있었다. 그런데 표를 받고 있던 어른이 나를 보시고 "네 이름이 준관이냐?"라고 물으셨다. 너무도 떨려 "네. 그렇습니다"라고 대답했다. "이 배 회사 사장님은 너의 먼 외할아버지 되는 분이시다. 할

아버지께서 네 뱃삯을 내주셨다. 그리고 네 아버지가 저 뒤에서 기다리고 계신다." 이 말을 듣고 나는 "감사합니다. 감사합니다"라고 인사를 연발하고는 부두 대기실로 뛰어나갔다. 아버지께서 초조하게 기다리고 계셨다.

아버지를 뵙는 순간, 나는 10여 일 사이에 일어난 비극들, 집과 전 재산 잃음, 도피, 배고픔, 고독, 완전한 거지로 추락한 아픔이 한순간 눈물로 폭발하면서 한참을 울어야 했다.

여관방에 짐을 풀고, 밤이 새도록 벌어진 일들을 아버지께 소상히 말씀드렸다. 듣고만 계시던 아버지는 눈물을 감추신 채, 긴 한숨만을 쉬시고, 밤이 새도록 잠을 이루지 못하셨다.

그다음 날 아침, 아버지와 나는 기차로 서울에 올라왔다. 서울역에 내린 우리는 전철로 돈암동, 사돈댁까지 왔고 아버지는 나를 사돈댁에 잠시 맡기시고 곧바로 어머니가 계신 옹진 서해바닷가 한 어촌으로 향하셨다. 그리고 2주 후 아버지는 어머니와 동생 둘을 데리고 서울로 올라오셨다.

온 식구는 피난민 거지가 되어 서울이라는 광야에 내몰림을 받은 것이다. 이것이 공산당 괴수 김일성이 우리에게 준 선물이었다. 이 비극은 1949년, 그러니까 6·25 동란 발발 바로 1년 전, 5월과 6월 사이에 우리 가족에게 불어 닥친 참사였다.

5장

서울농업중학교 그리고 수표교교회

하루아침에 공산당이 던진 벼락을 맞아 거지가 된 온 가족이 서울로 온 것은 1949년 6월 초였다. 어머니, 동생 재관이와 길관이를 살아서 만난 것은 꿈만 같았다. 그러나 우리는 지금 거지가 되어 서울로 피난을 온 것이다. 지옥이 있다면 서울이 바로 지옥이었다.

이때 서울은 8·15 해방 4년째를 맞는 대한민국의 수도였다. 시골 촌놈에게 서울은 천국이었다. 처음 타 보는 전철, 처음 보는 중앙청, 화신백화점 그리고 당시 온 서울 장안을 뒤덮은 유행가 '신라의 달밤'(가수 현인이 부른 유행가)은 불야성을 이루고 있었다.

우리는 염치 불고하고 온 식구가 돈암동 사돈댁에 며칠을 더 머물 수밖에 없었다. 아버지와 어머니는 서둘러 거처를 마련하시려고 온 장안을 돌아다니셨다. 그러나 아무것도 손에 쥔 것 없는 피난민이 서울에서 집을 얻는다는 것은 쉬운 일이 아니었다.

그리고 며칠이 지났다. 임대할 집을 하나 찾은 것이다. 전철 종점

- 마포(당시 항구)에서 한강둑을 따라 서쪽으로 40분을 지나 한 야산 중턱에 자리한 한 농가였다(지금의 홍익대학교 근방으로 추측됨). 온통 인분 냄새로 뒤덮인 밭 한가운데에 자리한 농가였다. 그래도 방은 두 개, 가운데는 작은 마루와 부엌이 붙어 있었다.

고향의 대궐집이 불타고 거지로 방황한 지 꼭 한 달 만에 온 식구가 한데 모여 잠을 자고, 양파에 밥을 싸서 끼니를 이어 가는 것만으로도 우리는 평안을 찾고 있었다.

그리고 며칠이 지났다. 장사의 천재이셨던 아버지는 나를 동대문시장에 데리고 나가셨다. 그리고 남자 바지 10여 벌을 사시더니 그것을 내게 매게 하셨다. 나와 아버지는 청계천을 돌며 그것들을 팔아야 했다. 이 장사는 2, 3일 계속되었다.

그때 나는 몹시 지치고 있었다. 덥고 몸이 피곤해서라기보다는 엄습해오는 열등감 때문이었다. 그때 나는 학생이 아니었다. 그러나 교모를 쓰고 교복을 입고 거리를 누비는 서울 학생들과 마주칠 때면 부러움을 넘어 무서운 열등감, 자괴감이 나를 파괴하고 있었다. 그리고 속으로 많이 울었다. 학업을 향한 열정은 극심한 좌절로 소멸되어갔다.

그러던 어느 날 아버지와 어머니 사이에 심한 논쟁이 벌어졌다. 아버지는 맏이인 나를 '상인'으로 만들어야 집안이 먹고 살 수 있지 않느냐는 논리를 펴셨다. 그러나 어머니는 달랐다. 공부할 때를 놓치면 우리가 영원히 후회하게 된다는 주장이셨다. 나는 속으로 어머니를 응원하고 있었다. 그리고 초조하게 논쟁을 지켜보고 있었다.

시골이었지만 중학교 3년을 최우등으로 졸업하고, 동광중학교 제1회, 제1호 졸업생이었던 나였기에 학업의 기회를 놓칠 수는 없었다(현

삶, 여정, 이끄심

재 동광중학교는 강화에서 그 명맥을 이어오고 있다).

아버지와 어머니 사이에 냉전이 계속되던 어느 날, 고향의 박용익 목사님이 이곳 마포까지 물어물어 찾아오셨다. 목사님도 가족도 그리고 신원이도 모두 서울로 무사히 피난을 온 후였다. 그리고 큰 사위(당시 신발을 만드는 공장 사장)의 을지로 집에 온 가족이 유하고 계셨다.

목사님이 오시자 아버지와 어머니의 논쟁은 다시 가열되었다. 목회 자이면서도 교육에 남다른 열정을 가지셨던 목사님은 아버지를 설득하기 시작하셨다. 논쟁은 아버지의 KO패, 어머니의 KO승으로 막을 내렸다. 이제 나는 서울에서 공부를 계속하게 된 것이다.

문제는 어느 학교에 편입하느냐가 걸림돌이었다. 한국의 미래는 농촌을 살리는 데 있다는 교육이념을 가지셨던 목사님은 청량리 밖에 있는 서울농업중학교(당시에는 중·고등 구분이 없었음)를 추천하셨다. 그리고 목사님은 동광중학교 교장 직함을 가지고 서울농업중학교 교장을 찾아가셨다. 모든 상황을 설명하고 신원이와 나 그리고 김진수(고향 교회의 장로님 아들)의 편입과 등록금 면제까지 얻어내셨다.

1949년 가을, 피난민 은준관은 서울농업중학교 4학년 1반 학생이 되었다. 서열이 극심했던 당시, 서울농업중학교는 중하위권에 머무는 학교였다. 그러나 나는 공부할 수 있다는 특권 하나로 대만족이었다.

그러나 서울의 서쪽 끝자락, 마포 시골에서 서울의 동쪽 끝인 청량리까지 매일 통학하는 건 거의 불가능한 일이었다. 부모님은 나를 위해 서울 광화문 한약방(어머니 쪽으로 먼 오라버니)의 별채 방 하나를 얻어 이사를 했다. 좁은 한 방에서 다섯 식구가 살아야 하는 고통 속에서도 나는 공부한다는 기쁨 하나로 모든 고초를 이겨내고 있었다.

한 달 후, 우리는 너무도 열악했던 광화문 집을 떠나 동대문 밖 창신동 산언덕에 있는 셋집으로 이사를 했다. 여전히 단칸방이었다. 그러나 그때 나는 공부에 생명을 걸었다. 그리고 1949년 가을학기가 끝나면서 나는 4학년 1반의 '수석'(首席)의 영예를 얻었다. 고향 동광중학교 김영균 선생님으로부터 배운 영어가 이 영예의 기초가 되었다. 삶의 낙이라곤 아무것도 없었던 부모님! 나의 '수석' 소식에 큰 위로를 받으시는 듯하였다.

그리고 서울에서의 외롭고 고된 피난 생활을 떠받쳐 준 또 하나의 원천은 내 영혼의 고향이 된 수표교교회였다.

수표교교회! 청계천 2가 강가에 자리 잡은 서양식 교회당! 그곳으로 나를 인도한 친구는 국민학교 5학년 때 나를 전도한 박신원이었다. 그의 형님, 박장원 목사님(박용익 목사님 장자)은 당시 수표교교회 학생회 지도 목사님이셨다. 약 50여 명으로 추정되는 남녀 중학생들은 대부분 서울의 일류학교, 서울 토박이, 부잣집 자손들이었다.

학생회 예배에 처음 출석한 날! 나는 또 다른 열등감으로 몸 둘 바를 모르고 있을 때, 박장원 목사님은 설교 도중 나를 높이 소개해 주셨다.

박 목사님은 고향 동광중학교에 오셔서 '문학 감상'이라는 주제로 고전 소설을 소개해 주셨던 문학도였다. 비록 피난민이고 2류 학교 학생이었지만, 수표교교회 학생들은 나를 무시하지는 않았다. 그때 전일성 회장(당시 한양공중 5학년, 후일 정동제일교회 장로)이 특별히 친절하게 대해 주었다.

주일마다 드리는 학생회 예배는 나에게 정신적으로, 영적으로 큰

삶, 여정, 이끄심

| 수표교교회

위로와 힘을 주곤 하였다. 친구들과의 사귐도 깊어가고 있었다. 그리고 내 인기도 점점 높아가고 있는 것을 느꼈다.

1949년 가을, 학생회는 크리스마스 연극을 계획하고 있었다. 내가 드라마의 주인공을 맡게 되었다. 각본은 박장원 작이었으며, 스토리는 38선을 탈출하는 내용이었다. 나는 실감 나는 연기를 할 수 있었다.

그해 크리스마스 성극은 서울 장안에 소문이 날 정도로 대성공이었다. 연극은 수표교교회뿐 아니라 서대문형무소 1,000여 명 죄수들 앞까지 이어졌다.

1949년 12월 말, 성탄절과 연극은 모두 끝나고, 교회에서 집으로 돌아오는 길가는 하얀 눈으로 장관을 이루고 있었다. 허탈감과 외로움도 있었지만, 나는 공산당에게 한순간에 집과 재산을 모두 잃고 온 가족이 거지가 되어 죽음을 헤매던 5개월의 운명으로부터 불과 6개월이 지난 후, 서울 한복판에서 온 가족과 함께 생명을 유지하고, 서울농업중학교 우등생이 되고 또 수표교교회의 한 주역이 된 이 신비로운 진행을 음미하고 감사하는 눈물을 흘리며 눈 속을 걸었다. 그것은 인간의 운명 뒤에서 역사하시는 하나님의 '경륜'하심이 아니었던가!

삶, 여정, 이끄심

3
막

전쟁과 평화 I

6·25 전쟁

1945년 8·15 이후 대한민국은 이 권력과 저 권력이 충돌하고, 우익과 좌익으로 이념이 갈리면서 극도의 혼란에 혼란을 거듭하고 있었다. 그러나 1950년을 전후해 대한민국은 서서히 평온을 찾아가고 있었다. 당시 서울은 살만한 도시였다. 피난 1년, 가난 속에서도 우리 식구는 서서히 서울 사람이 되고 있었다.

상업에 천재적인 소질을 타고 나신 아버지는 고향 시골에 남아 있던 작은 농장을 기반으로 작은 사업을 하시면서 가족의 생계를 꾸리고 계셨다. 그리고 예민하고도 원칙주의자셨던 어머니는 나와 동생 둘 교육에 전념하셨다.

1950년 봄 나는 중학교 5학년(고 2)이 되면서 수표교교회 학생회 회장으로 피선되었다. 일류학교에 다니는 서울 토박이들을 제치고 회장이 된다는 것은 상상조차 할 수 없는 일이었다. 그러나 당시 회장이었던 전일성과 친구 박신원의 숨은 공로와 여학생들의 압도적인 지지 (착각일 수도 있지만)가 작용하였던 것으로 보인다.

피난민이 서울의 명문 교회 학생회 회장이 된 것은 대단히 위상이 올라간 일이었다. 그리고 나는 회장직을 제법 잘 수행한 것으로 기억한다. 이 경험은 좋은 훈련 과정이었다.

그러던 1950년 6월 25일, 주일예배가 끝나고 학생회는 합창 연습을 하고 있었다. 그때 갑자기 밖에서 외치는 큰 소리가 교회 안에까지 들려왔다. 공산당이 38선을 넘어 남침을 시작했다는 비보였다. 그러나 당시 이승만 정권이 떠들던 구호, '점심은 평양에서, 저녁은 신의주에서'에 세뇌가 되어 있던 서울 학생들은 전쟁 소식에 별로 놀라지 않는 듯하였다. 지나가는 전쟁 연습, 전쟁 게임 정도로 웃어넘기고 있었다.

그러나 나는 그 순간 1년 전의 악몽이 번개처럼 내 뇌를 때렸다. 동네가 습격당하고, 집이 불타고, 재산 모두를 노략질당한 악몽이 되살아났다. 그리고 이 전쟁이 얼마나 무서운 것인가를 직감하였다. 이제는 민족 전체의 '존망'(存亡)이 시작되었다는 불길한 예감이 스쳐 지나갔다.

예상을 뒤엎고 북한공산군은 의정부를 쉽게 점령하고, 파죽지세로 서울로 진입하였다. 붉은 인공기를 단 소련제 탱크 수십 대가 종로로 질주해 들어왔다. 이때 국군의 저항은 전무했다. 불과 4일 만에 붉은 군대는 한강 이북을 모두 점령했다.

서울시민 수십만 명이 피난길에 오르면서 서울은 완전히 아수라장이 되었다. 이미 피난민이었던 우리는 또다시 피난길에 올라야 했다. 우리는 누구보다 공산당의 만행을 잘 알고 있었기에 무작정 남쪽을 향해 걸었다.

그러나 한강대교는 끊기고, 찾은 곳은 한남동의 한 언덕뿐이었다. 그 당시 한남동은 농토뿐이었다. 언덕 위에는 교회당 하나가 덩그러니 서 있었다. 우리는 무작정 예배당으로 들어갔다. 큰비가 내리고 있던 저녁, 예배당 안은 이미 보따리 보따리를 들고 나온 피난민들로 꽉 차있었다. 우리 가족 다섯은 예배당 한구석에 자리를 잡고 밤새도록 요동치는 포탄과 총성 속에서 밤을 지새웠다.

나는 몹시 곤하여 잠이 들었다. 얼마 후 울음, 기도 소리에 잠을 깼다. 어머니의 기도 소리였다. 그때 어머니는 신실한 기독교 신자가 아니었다. 고향에서는 잠시 교회에 다녔으나, '나이롱 신자'(당시 유행어)였으며, 교회 출석도 하지 않으셨다. 그런 어머니가 생전 처음으로 눈물로 하나님을 찾고 있었다. 그리고 기도는 한 마디의 반복이었다. "하나님… 하나님…."

그때 나도 일어나 어머니와 함께 하나님 앞에 기도드렸다. 그때의 기도가 가장 절실한 그리고 가장 간절한 기도였는지도 모른다. 그런데 그때 하나님은 아무 말씀도 하지 않으셨다. 우리를 또다시 버리시는 것만 같았다.

다음 날 아침, 이미 한강대교는 파괴되고 서울을 빠져나갈 길은 모두 차단되었다. 하는 수 없이 우리는 다시 동대문 뒤 창신동 언덕 달동네 셋방으로 되돌아오고 말았다. 이렇게 쉽게 무너지는 이승만 정권의 허상에 실망하면서. 그때 서울을 빠져나간 사람들은 대부분 부유층이나 고위 관리들뿐이었다. 공산당의 두 번째 침략에 직면한 우리는 모든 것을 체념하고 포기하고 있었다.

도시의 숨결이 끊어진 어느 날, 나는 홀로 동대문에서 청량리, 청량리에서 학교까지 넋을 잃은 채 걸었다. 그때 학교 마당에서 뜻밖에 이문규를 만났다. 이문규는 다른 반 학생이었지만 기독교 신자였던 연유로 서로 호의를 가지고 있었던 터, 우리는 반갑게 인사했다.

그 자리에서 이문규는 자기 고향, 충청남도 보령군 주산면으로 함께 피난을 가자고 제안해왔다. 그때 나는 부모님의 허락을 받기도 전에 친구의 제안을 선뜻 받아들였다. 인민군에 끌려갈 나이였던 나에게 다른 선택은 없었다. 그 후 부모님도 흔쾌히 허락해 주셨다.

이때 공산군은 이미 대전을 점령하고 계속 남하하고 있었다. 희망이라곤 다 사라진 대한민국이지만, 그래도 서울에 앉아서 인민군으로 끌려갈 수는 없었다.

1950년 7월 무더운 어느 날, 나는 이문규와 그의 어머니, 어린 누이동생을 데리고 작은 배로 한강을 건넌 후, 기찻길을 따라 걷기 시작했다. 걷고 또 걸어 안양, 수원, 오산, 평택, 천안, 온양, 예산, 삽교, 홍성, 광천, 대천 그리고 보령군 주산면까지 걸었다. 꼬박 열흘이 걸렸다. 밥은 가는 곳마다 조금씩 구걸해 먹고, 잠자는 곳은 주로 바깥채 아니면 부엌이었다.

열흘 만에 자기 집에 도착한 이문규와 그의 어머니는 동네 사람들과 식구들로부터 큰 환영을 받았다. 그러나 불청객으로 따라온 나는 또 다른 고독의 날들을 보낼 수밖에 없었다. 공산당 시야에서 벗어난 안도감은 잠시, 날이 갈수록 나는 외톨이에서 오는 고독 때문에 견디기 힘든 날들을 보내야 했다.

이때 나에게 따뜻한 배려를 보내준 사람은 이문규의 형이었다. 바깔채에서 밥을 먹을 때마다 형이 챙겨주고 돌보아 주곤 하였다. 그래서 낮에는 형을 따라 동네 뒤의 높은 산에 올라 나무를 베기도 하고, 자른 나무를 지게에 지고 내려오는 일로 하루하루를 소일하였다.

그리고 한 달이 지났다. 그러나 더 이상 견딜 수 없는 고독은 엄습해오고, 부모님과 동생들 생각은 나를 견디기 어려운 상황으로 몰아가고 있었다. '서울로 돌아가자! 죽는 한이 있더라도 서울로 돌아가 부모님과 함께 살자.' 이렇게 결심한 나는 이문규 가족에게 감사와 작별인사를 하고 집을 떠났다. 이때 이문규의 형이 쌀 한 말(당시 쌀 한 말은 금보다 더 귀한)을 내 등에 매워 주었다.

이제는 나 홀로 보령군 주산면을 떠나 반대로 대천, 광천, 홍성, 삽교, 예산, 천안, 평택, 수원을 지나 서울로 스며들었다. 이번에는 일주일 정도가 걸렸다. 그리고 부모님이 사시는 동대문 뒤 언덕 창신동 셋방에 도착했다. 그러나 그곳에는 부모님도 동생들도 없었다. 파주 쪽으로 피난을 떠났다는 이웃집 아주머니의 귀띔이었다.

가족을 만난다는 희망 하나로 일주일을 걸어 돌아온 나는 다시 허탈, 좌절 그리고 넋을 잃은 채 아무도 없는 방에서 그대로 쓰러져 긴긴 잠을 자고 말았다.

그때가 1950년 8월 하순이었다. 인민군은 대한민국을 통째로 손안에 넣고, 대구와 부산만을 남겨 놓은 상태였다. 이제 남한의 공산화는 시간문제였다.

그다음 날 아침, 나는 먼 소문으로 들었던 친척 집을 찾아 나섰다. 마포 공덕동으로 가는 대로는 위험했기에 골목골목을 돌고 돌아 기적적으로 집을 찾았다. 큰 사촌 형님의 부인 아주머니와 딸 그리고 조카인 전인수가 그곳에 살고 있었다. 내가 가져온 쌀 한 말은 네 사람을 '죽'으로 연명하는 데 생명줄이 되었다. 그리고 나는 오랜만에 깊은 잠을 잘 수 있었다. 그러나 생사를 알 길 없는 아버지와 어머니 그리고 동생들과의 단절은 나를 점점 깊은 불안으로 몰고 갔다.

그러던 1950년 9월 20일경, 깊어가는 가을밤, 서쪽 하늘(인천 방향)에서 10분 간격으로 큰 불빛이 떴다가는 사라지는 기이한 현상이 나타났다. 친구와 나는 집안 장독대 위에 올라 밤을 지새우며 그 불빛을 지켜보면서 흥분하기 시작했다. 하루 이틀이 지나면서 불빛은 점점 또렷해지고, 불빛은 포성을 동반하고 있었다. 1950년 9월 24일, 불빛과 포성은 점점 가까워지고 수색까지 접근한 듯하였다.

1950년 9월 25일! 여의도에서 한강을 건넌 미 해병대는 마포종점으로부터 대로(大路)를 따라 아현동 언덕을 향해 서서히 진격해 들어왔다. 아현동 언덕에 진을 치고 저항하던 공산군은 격렬히 저항했으나, 게임은 이미 끝난 것으로 보였다.

1950년 9월 26일 친구와 나는 집 문밖에 태극기를 걸었다. 태극기! 그때처럼 태극기가 그토록 아름답고 자랑스러울 수가 없었다. 그것은 또 하나의 민족해방과 자유의 상징이었다. 그리고 친구와 나는 얼싸안고 한참을 울었다. 감격과 감사의 눈물이었다. 서울은 다시 한번 대한민국이 된 것이다

1950년 9월 28일! 노량진 쪽으로 진격해 들어온 한국 해병대와 마포로 진격해 들어온 미 해병대가 합류하여 중앙청에 태극기를 걸었다.

2, 3일 뒤 나는 홀로 아현동을 지나 종로를 거쳐 영혼의 고향, 수표교교회로 향하였다. 건물다운 건물은 다 쓰러지고 길거리는 여기저기

쓰러져 있는 시체들로 인해 '아골 골짜기'로 변해있었다.

수표교교회의 건물은 다행히 손상을 입지 않았다. 나는 교회당 안으로 들어가 한 시간 동안 얼빠진 사람처럼 앉아서 기도로, 눈물로 하나님 앞에 영혼의 통곡을 소리치고 있었다. 이때 담임목사님이셨던 차경창 목사님(차현회 목사님 부친)이 납치되신 사실을 처음 알았다.

7장

고향, 만남, 세 번째 탈출

1950년 9월 28일, 서울을 탈환한 한국군과 유엔군은 여세를 몰아 평양으로 향하고 있었다. 이때 한반도는 금방 통일이 되는 듯하였다. 그러나 식구들의 생사조차 알 수 없는 상황은 나를 아무것도 할 수 없는 공허 속으로 몰아넣었다. 그때 내 나이 17살.

북진하는 국군을 따라 후방치안을 담당하는 '학도경찰대' 시험에 합격하였다. 그러나 입대하기 전날 나는 다시 수표교교회, 아무도 없는 빈 예배당에 홀로 앉아 하나님과 씨름하였다. 그때도 하나님은 아무런 말씀도 하지 않으셨다. 다만 기도 중에 '고향의 모습'이 한번 스쳐 지나갔다. 나는 그것을 '계시'라고 보지는 않았다. 무의식 속의 한 '환상'이라 생각했다. 그러나 내 앞을 스쳐 지나간 고향의 영상이 계속 머릿속에서 되풀이되었다. 그것은 하늘에서 온 암시 같은 것이었다.

고향으로 돌아가자!

삶, 여정, 이끄심

공덕동으로 돌아온 나는 친구를 설득하여 학도경찰대 입대를 포기하고, 함께 고향으로 돌아가기로 마음을 모으고 준비에 들어갔다.

다음 날 우리는 마포 선창가를 찾았다. 6·25 때 묶여 황해도 옹진으로 돌아가지 못한 큰 배 한 척이 있었다. 우리는 선장에게 간청하였다. 이때 선장은 우리도 먹을 쌀이 없으니 너희들 먹을 쌀을 가지고 오면 배는 태워 주겠다는 조건으로 허락해 주었다.

공덕동 집으로 돌아온 우리는 (아주머니와 조카는 이미 고향으로 떠난 후였다) 남은 이불, 그릇 모두를 들고 아현동 길거리 시장에 나가 팔고, 그 값으로 쌀 '두 되'를 받았다. 그리고 배에 올랐다.

1949년 5월 고향 집이 불타고, 서울 피난살이 1년 4개월 만에 다시 고향으로 가는 길이었다. 배는 일주일을 지나서야 강화도를 지나 '소강'이라는 옹진반도 서쪽 작은 선창가에, 그것도 한밤중에 다다랐다. 다행히 소강에는 전인수의 친척이 살고 있었다. 친구를 따라 그 집에 들어갔다.

30분 후 주인아주머니는 금방 찐 '옹진 고구마' 두 바가지를 들고 방에 들어오셨다. 한 주일을 배에서 하루 한 끼만을 먹고 온 친구와 나는 앉은 자리에서 고구마 한 바구니씩을 단숨에 먹어 치웠다. 그리고 교대로 변소 드나들기를 밤새도록 되풀이하였다. 설사가 난 것이다. 그래도 오랜만의 포식은 그렇게 좋을 수가 없었다.

그때가 1950년 10월이었다. 소강에서 하루 지내고 친구는 자기 집 옹진읍으로 향하고, 나는 내 고향 '염불리'로 향하였다. 두 시간을 걸어 큰 강둑에 오르자, 멀리 우리 동네가 보였다. 우리집은 불에 타 없어졌지만, 남은 몇 집 부근에는 사람들이 모여 있는 것이 보였다. 그날은 5일장이었다.

동네에 들어서자 누군가가 '준관'이가 왔다고 큰 소리를 질렀다. 소문이 퍼지면서 누군가가 나를 큰집(큰집은 남아 있었고, 냉면집으로 유명했다)으로 안내하였다. 큰집 식구들이 따뜻하게 맞아주었다. 그리고 그 자리에서 나는 냉면 한 그릇을 단숨에 먹어치웠다. 그리고 아버지와 어머니 그리고 동생 둘은 무사히 고향으로 돌아오고, 지금은 15리 떨어진 농가(우리집 소유)에 머물고 계시다는 소식을 듣는 순간 긴 안도의 숨을 쉬었다.

나는 곧바로 15리를 걸어 교정면 건전리 농가로 향하였다. 4개월의 짧은 이별이었지만 그것은 삶과 죽음, 배고픔과 고독, 절망과 희망을 한없이 되풀이한 긴긴 이별이었다. 그러나 살아 돌아왔다는 기쁨 하나로 족했다.

나를 충남 보령으로 보내신 후 부모님은 서울을 떠나 파주로 피난을 하셨다가 수복과 함께 '해주'(海州)를 거쳐 고향 농가로 돌아오셨다. 그때도 북쪽에서는 전쟁이 계속되고 있었다. 그러나 38선이 없어진 고향 농가집(6·25 전쟁 이전에는 바로 우리 농가집 뒷산이 38선이었다)은 낡은 집이었으나 평온하였다. 1년 6개월의 집 없는 피난민 생활을 접고, 우리는 우리집에서 온 식구가 함께 밥을 먹을 수 있다는 것만으로 큰 행복이고 축복이었다. 고향 농가는 해주 외할아버지와 외할머니가 지켜오고 계셨다.

그리고 보름이 지난 어느 날 태탄여자중학교 교장으로부터 전갈이 왔다. 나를 영어 교사로 채용하고 싶다는 내용이었다. 초청을 받아들인 나는 귀가 보름 만에 교사가 되어 태탄(내가 일정 때 다니던 가천국민학교 보다 더 북쪽, 38선 이북 공산권이었던)으로 향하였다. 여학생은 50여 명, 그들과의 영어 수업은 나의 학구열을 되살리는 계기가 되었다. 그리고 인기도 꽤 있었다.

그리고 1951년 새해가 시작되었다. 그러나 이번에는 중공군이 참전하면서 UN군은 다시 후퇴하기 시작했다는 비보가 날라 왔다(일명 1·4 후퇴). 태탄중학교는 다시 폐교가 되고 나는 다시 시골집으로 돌아왔다.

그리고 반달이 지난 1951년 1월 20일, 추운 겨울날 새벽, 우리집 앞 동네는 한 시간 동안 계속된 기관총과 따발총의 습격을 받았다. 공산군의 기습이었다. 공산군 습격은 이번이 세 번째였다.

중공군이 가세하면서 UN군이 밀리기 시작한 1·4 후퇴로 결국 옹진반도 전체가 공산군의 표적이 된 것이다. 기구한 운명은 끈질기게 우리를 따라다녔다. 온 식구가 탈출을 시도했으나 실패하고, 우리는 꼼짝없이 '독 안에 든 쥐'가 되었다. 18살 나는 인민군에 끌려갈지도 모르는 위기에 다시 몰렸다.

그날 밤 아버지와 어머니는 긴긴 논의 끝에 방골(부엌에서 불을 때면 밖으로 연기를 뽑아내는 방 밑 통로) 세 개 중 하나를 흙으로 막고, 그 자리를 무덤처럼 파낸 후 그 위에 나무판자와 이불을 깔고, 나를 그 속에 숨기기로 하셨다. 무덤 같은 방 안 땅굴이었다. 어머니가 밖에서 망을 보는 동안, 나는 뚜껑을 열고 잠시 밖으로 나와 밥을 먹고 또다시 땅굴로 숨어야 했다. 대소변은 밤중에 단 한 번에 끝내야 했다.

땅굴 생활은 3개월 동안 계속되었다. 머리는 삼손의 머리처럼 길어지고, 햇빛을 보지 못한 얼굴은 창백해지고, 밤과 낮이 뒤바뀐 수

면시간은 나를 서서히 '정신착란'으로 몰아가고 있었다. 그것은 또 다른 죽음의 경험이었다. 이때 나의 고통과 아픔을 감지하신 분은 어머니였다.

1951년 5월 어느 날 새벽, 습격을 받았던 앞 동네는 또다시 요란한 총소리로 하늘을 진동하였다. 이번에는 공산군이 아니라, 섬에서 들어온 학도유격대 대원들이 공산군 10여 명을 사살하고 다시 섬으로 돌아간 것이다.

그때 유격대를 인솔하고 들어왔던 소대장은 차영택(고향 후배, 당시 17살)이었다. 이때 차영택이 비밀리에 나에게 전갈을 보내왔다. 약속한 날 밤, 모 해안가에 배를 가지고 올 테니, 그리로 나오라는 전갈이었다. 이때 아버지는 또 다른 이별을 만류하셨다. 그러나 어머니는 생명을 걸고서라도 떠나라고 하셨다.

1951년 5월 어느 날 밤, 안에는 학생복을, 밖에는 농사꾼 옷을 입은 채 나는 쌀 두 말을 메고 피난민 십여 명과 함께 약속한 바닷가로 떠났다. 높은 산에서 우리를 향해 계속 쏘아대는 공산군의 총알을 피해 새벽녘 약속한 바닷가에 도착하였다. 썰물로 바다는 육지가 되고, 우리는 맨발로 바닷물이 닿는 곳까지 약 이십 리를 걸어야 했다. 그리고 약속한 시간에 차영택이 가지고 온 목선을 타는 데 성공하였다.

나보다 한 살 어렸던 차영택! 그는 훨훨 날아다니는 '게릴라' 영웅이었다. 그리고 사십 리 떨어진 섬 '창린도'(지금의 NLL 북쪽)에 도달하였다. 이것은 나의 세 번째 탈출이었다.

4
막

전쟁과 평화 II

1951~1953

8장

학도유격대(Donkey 11연대) 통신대장

가족을 뒤로 한 채 죽음의 골짜기에서 탈출하여 도달한 창린도는 옹진반도 남쪽 5개 섬 중의 하나였다. 길이는 약 40리 정도의 섬, 그러나 육지로부터 몰려든 수천 명의 피난민은 이 섬을 가득 메우고 있었다. 아는 사람 하나 없는 이 섬은 나에게 또 하나의 '고도'일 수밖에 없었다. 그리고 가진 것이라곤 쌀 두 말이 전부였다. 갈 곳이 없는 나는 언덕 계곡에 흙으로 지은 피난민 움막집을 소개받아 쌀을 맡기고 끼니를 얻어먹으며, 움막 한구석에서 잠을 자곤 하였다.

1949년 5월에 시작된 피난민 운명은 나를 계속 얽매고, 지칠 대로 지친 나는 삶과 죽음의 문제를 넘어 이제는 삶 자체를 포기하고 있었다. 의미와 목적을 잃은 운명 앞에서 저항할 기력마저 소멸되고 있었다.

그러던 1951년 6월 어느 날, 탈출한 지 한 달쯤 되던 날에 나는 산언덕에 홀로 앉아 남쪽 하늘을 바라보며 긴 한숨만을 되풀이하고 있었다. 이때 누군가가 나를 찾아왔다. 지금은 기억도 나지 않지만 무조건 반가웠다. 그는 누군가의 전갈을 전해주곤 사라졌다.

용호도(龍虎島)에 본부를 둔 학도유격대, 일명 Donkey 11연대의 참모장, '김명규'(金明圭)가 나를 찾고 있다는 전갈이었다. 앉아서 이대로 죽을 수만은 없었던 나는 무조건 용호도로 향하였다.

용호도는 육지(적지)에 더 가까운 섬이었으나, 수산중학교(水産中學校)가 있을 정도의 '부 어촌'(富 漁村)이었다.

유격대 본부가 있는 수산중학교를 찾아간 나를 맞이한 사람은 김명규였다. 김명규는 고향 동광중학교 동기였다. 나보다는 몇 살 위였던 김명규가 참모장이 되어 1,000여 명의 학도유격대 대원을 통솔하고 있었다. 김명규는 나를 따뜻이 맞아주었다.

그리고 김명규는 나를 연대장실로 안내하였다. 그때 나는 또 한 번 놀랐다. 연대장은 이종학 선생님

(나와는 동향인, 당시 서울 모 대학교 3학년 재학 중 그리고 1950년 9월 수복 후, 38선 이북의 작은 읍, 태탄중학교 교장)이셨다. 이때 내 마음은 천금을 얻은 느낌이었다.

잠시 대화가 이어졌다. 그리고 연대장은 나를 학도유격대 통신대장으로 영입하고 유격대 활동을 같이 하자고 제안하셨다. 그때 나는 그 임무가 무엇인지조차 묻

| 김명규 참모장(오른쪽), 통신대장이었던 저자(왼쪽)

삶, 여정, 이끄심

지도 못하고 그 자리에서 수락하였다. 그때 내 나이 18살이었다. 바로 나는 통신대장으로 임명되고, 용호도 학도유격대 본부가 내 새 둥지가 되었다.

'학도유격대'(Student Guerilla Unit), 일명 '당나귀 11연대'(Donkey 11)는 1951년 2월 4일, 어리고 젊은 학생들로 결성된 게릴라 부대였다. 당나귀부대(Donkey 부대)는 백령도에 본부를 둔 미 8군 극동사령부 8240부대 소속 부대들이었으며, 평양남도 진남포에서 경기도 강화까지 서해안을 따라 이어진 여러 섬을 근거지로 조직된 10여 개의 유격 부대로 구성되어 있었다. 그중의 하나가 당나귀 11연대, 학도유격대였다.

유격대의 임무는 '본토 침투, 인민군 기지 습격, 공산군 사살, 노획, 정보 수집, 피난민 수송, 미군 작전 지원' 등의 임무를 목적으로 조직된 비정규 전위부대였다. 그런데 이 유격 부대가 김일성에게는 가장 큰 가시였다고 한다.

18살짜리 통신대장은 그 수하에 7명의 부하가 있었다. 그리고 통신대장인 나는 더 이상 공산당을 피해 다니는 피난민이 아니었다. 공산당과 맞서서 싸우는 당당한 주역이 되었다.

나는 즉시 업무를 파악하고, '암호 외우기, 8240 본부와의 연락망 구축, 다섯 섬에 배치되어 있는 5개 대대와의 통신망 구축'에 진력하였다. 서울농업중학교 4학년 때 받은 군사훈련 외에는 경험이 전무했지만, 나는 통신대장직을 잘 수행하고 있었다.

학도유격대는 정규군도, 정식 훈련도 받지 않은 어리고 젊은 학생들이었지만, 공산주의 침략으로부터 조국과 민족은 반드시 지켜야 한

| 유격대 대원들

다는 애국심 하나가 1,000여 명의 학생을 하나로 묶고 있었다. 그것은 하나의 신앙 같은 것이었다.

그리고 아들을 먼저 섬으로 떠나보낸 아버지와 어머니는 그 후 두 번, 세 번 탈출을 실패하다가 1951년 더운 여름, 온 가족이 창린도로 탈출하는 데 성공하였다.

그러나 그때 나는 잠시 인천에 출장을 간 사이였다. 탈출에 성공한 아버지, 어머니, 재관이, 길관이었지만, 막상 갈 곳이 없는 식구는 창린도 바닷가 끝자락 모래 위에서, 아버지의 겨울 외투 하나와 냄비 하나만을 의지하고 온 식구가 살고 있었다.

출장에서 돌아온 나는 이 광경을 보자 아연실색하였다. 하는 수 없이 창린도 대대장, 목영설에게 도움을 청했다. 이때 목 대장은 선뜻 자기가 쓰던 방과 쌀 한 포대를 지원해주었다. 10여 일을 바닷가에서 생활하시던 어머니는 감격하여 밤새도록 눈물로 이야기를 이어 가셨다. 또 다른 피난살이 그러나 그것은 큰 축복의 시작이었다.

삶, 여정, 이끄심

9장

전쟁 이야기 I
― 용호도전투

창린도 가족과의 재회는 모든 걱정과 근심을 한순간에 털어버리는 감격의 순간이었다. 그리고 나는 다시 용호도 본부로 복귀하였다. 그리고 4개월이 지나고, 1952년 1월 1일 새해 새날이 또 다른 비극의

| 용호도 동네

시작이었다.

1952년 1월 1일 새벽, 공산군은 극비에 용호도에 상륙하고, 잠복해 있다가 아침 조회로 집결한 유격대 본부 대원과 1대대 부대원 300여 명을 향해 일제히 사격을 가해 왔다. 이때 우리 대원들은 즉시 산능선으로 올라가 적과 대치하고 방어에 들어갔다.

이때 참모장은 미리 대기 시켜 놓은 작은 배에 통신장비와 통신대원을 싣고 옆의 섬, '순위도'로 건너가도록 나에게 지시하였다. 통신장비는 용호도 부대원 300여 명과 주민 700여 명의 생명줄이었기 때문이었다. 나는 통신장비와 통신대원 10여 명을 태운 작은 목선(木船)을 타고 옆의 섬, 순위도로 향하였다.

선창가에서 배가 떠나자 우리를 목격한 공산군은 우리를 향해 수백발의 기관총을 난사해 왔다. 예리한 소리와 함께 날아온 총알들은 우리 머리 위로, 옆으로 그리고 뱃머리를 스치면서도 신기하게 사람들을 피해 갔다.

이때 배의 속도는 내 걸음보다 더 느리게 가고 있었다. 격한 물결을 헤치고 맞은편 섬, 순위도에 도착한 것은 한 시간 뒤였다. '사'(死)의 30분을 넘긴 뒤였다.

용호도 맞은편 순위도 선창가에 도착한 우리는 즉시 배 돛대 하나와 통신장비를 메고 산꼭대기로 올랐다. 그리고 사령부 8240부대 본부(백령도)를 불렀다. "당나귀, 당나귀, 여기는 당나귀 11." 이것이 교신을 시작하는 공식신호였다. 그리고 모든 교신은 암호로 해야 했다.

그러나 이때 나는 암호로 교신할 겨를이 없었다. 그래서 "당나귀, 용호도가 습격을 당했습니다. 공군 지원을 요청합니다"라고 보고했

삶, 여정, 이끄심

다. 학도유격대원들은 중무장한 정예부대 인민군과 중공군(제 8지대 소속)에 밀리고 밀려 섬 남쪽으로 후퇴하는 전투 상황이 육안으로 보일 정도로 긴박하였다.

300여 명의 어리고 젊은 학생들이 몰살될 수도 있는 위기였다(이날의 전투로 우리 학생 수십 명이 사살되고, 포로로 잡혀갔다). 그리고 30분이 흘렀다.

갑자기 굉음을 지르며 전투기 12대가 사면에서 출현했다. 그리고 아군의 위치를 알려달라는 통보가 왔다. 이때 나는 다른 소형 무전기로 작전을 지휘하고 있던 참모장에게 보고했다. 이때 참모장은 우리 대원들이 메고 있는 노란 마후라를 묶어서 한 줄로 깔아놓고 그 뒤로 물러서서 방어한다는 전략을 알려왔다.

나는 즉시 이를 본부에 보고했다. 그리고 10분 뒤 영국군 함재기 12대가 날아왔다. 하늘을 제압하는 괴성과 함께 용호도 상공을 한번 돌고 난 후 4대가 한 조가 되어 기관포 사격을 시작했다. 전투기들(서해에 떠 있는 항공모함에서 발진한 함재기)의 정확하고 예리한 사격은 무려 두 시간 동안 계속되었다. 이때 공산군은 큰 희생자를 내고, 사기가 꺾이면서 공격을 멈췄다.

오후 3시경 용호도의 마지막 선까지는 불과 500m. 그러나 이때 사기를 되찾은 우리 학생들은 강하게 저항하면서, 한편으로는 선창가에 대기시켜 놓은 배를 타는 데 성공하였다. 그때가 오후 5시경이었다(이날의 전투 상황은 『학도유격부대전사』 254-264쪽에 자세히 기록되어 있다. 몇 가지 정보가 잘못 기재되어 있는 것이 아쉬움으로 남는다).

이때 나와 통신대원은 용호도 부대원이 모두 무사히 철수를 완료

할 때까지 순위도 선창가 산 위에서 사령부와 교신을 계속하였다. 그러나 오후 5시 유격 부대는 우리 통신대를 버려둔 채 자기들만 배를 타고 철수하고 말았다(이 부분이 전사에는 빠져 있다).

저녁 6시, 하는 수 없이 나와 통신대원들이 함께 배 돛대를 내리고 통신장비를 메고 산 밑으로 내려가고 있는 그때, 갑자기 북한 땅(서정리)에서 공산군이 발포한 대포 수십 발이 우리 발 앞에 떨어지기 시작했다. 무전기와 총을 양 어깨에 멘 우리는 산에서 몇 번을 굴러 넘어지면서 산 밑으로 도망했다. 그리고 온종일 끼니를 굶은 채 순위도 긴 긴 60리 길을 밤새도록 걸었다. 순위도 끝자락 선창가는 수백 명의 피난민들로 들끓었다. 이때가 1952년 1월 2일 새벽이었다.

초주검이 된 우리가 세 번째 섬 '어화도'에 발을 내딛는 새벽, 그곳에서 어머니가 기다리고 계셨다. 얼마나 우셨는지 눈이 충혈되어 있었다. 용호도에서 모두가 돌아오는데 아들은 눈에 보이지 않아서였다. 그날 새벽 나는 아버지와 어머니, 재관이, 길관이와 눈물로 재회했다. 가족의 소중함! 그것은 위기에서 더욱 강렬했다.

그리고 1952년 1월 2일 아침, 뿔이 난 공산군은 이번에는 어화도를 향해 수십 발의 대포 사격을 가해왔다. 그러나 거리가 멀어 동네까지는 포탄이 미치지 못하고 바다에 떨어지곤 하였다. 이때 어화도 주민들은 공포에 휩싸였다. 주민들은 술렁거리기 시작하고, 자기 배에 자기 식구와 가구까지 싣고 피난을 떠나가기 시작했다.

이때 학도유격대 본부는 작전상 세 번째 섬, 창린도로 이동하고 있었다. 이때 나는 큰 고민에 빠졌다. 유격대를 사임하고 가족과 함께 피난을 떠나는 것은 민족과 친구들을 배신하는 행위라는 생각 때문이었다. 그렇다고 가족을 어화도에 남겨 둘 수도 없었다.

　나는 참모장의 허락을 받고 백령도 8240 사령부에 타진하였다. 남쪽으로 귀환하는 빈 대형 수송선, 일명 LSD를 어화도로 보내달라는 내용이었다. 이때 8240 본부는 어화도 대신 비압도(서해의 아주 작은 섬)는 가능하다는 회신을 보내왔다. 나는 가족을 한 목선에 태워 비압도로 떠나보냈다. 어찌 보면 마지막이 될지도 모르는 또 하나의 이별이었다.

　비압도에서 LSD를 탄 가족은 피난민들과 함께 몇 날 며칠을 항해한 끝에 전라남도 목포에 도착했다. 그리고 나는 네 번째 섬, 창린도로 향하였다. 가족을 먼저 떠나보낸 내 마음은 오히려 홀가분해졌다. 이것이 공산군과 맞서 싸운 최초의 전쟁 이야기다.

10장

전쟁 이야기 II
─ 창린도전투

가족을 남쪽으로 떠나보내고 난 그다음 날, 1952년 1월 4일, 학도 유격 부대 본부는 어화도를 떠나 창린도로 이동하였다. 용호도가 공산군 손에 넘어가고, 순위도와 어화도 마저 포기한 우리는 극도의 좌절과 공포로 사기가 급속히 떨어지고 있었다. 이제 창린도와 기린도 두 섬만 남게 되었다. 우리는 이 두 섬을 사수해야 했다. 이때 집결한 부대원은 약 500여 명이었다. 그러나 부대를 정비하고 대비하기도 전, 1952년 1월 9일 새벽, 인민군과 중공군으로 편성된 공산군은 창린도 동쪽 일대에 포격을 가하고, 고무보트와 소형 선박을 타고 공격해 들어 왔다. 우리 학생들은 완강히 저항했으나 파죽지세의 적을 물리치기에는 역부족이었다.

이때 참모장은 또다시 통신대를 먼저 마지막 섬, 기린도로 이동하도록 명을 내렸다. 1952년 1월 9일 새벽 2시, 나와 통신대는 장비를 둘러메고 섬 서쪽 선창가로 이동하고, 대기 중인 다소 큰 배에 승선하였다. 그러나 승선하는 과정에서 나는 바다에 빠지고 말았다. 선장의 도움으로 생명은 구했으나, 한겨울 바다에 빠진 옷을 입은 채 기린도로 향할 수밖에 없었다. 바다는 불과 50리 길이었으나 역풍을 맞은 우리 배는 산더미처럼 밀려오는 파도와의 싸움에서 밀리고 밀려 무려 6시간을 항해해야 했다.

그때 사투를 벌이면서 배를 통제하는 뱃사공들의 기술과 용기는 위대했다. 1952년 1월 9일 창린도전투는 우리 학생들의 완패로 끝나고, 섬 서쪽으로 밀려온 부대원 400여 명은(이때도 수십 명의 학생이 포로로 잡혀가고, 전사하고, 행방불명되었다) 창린도 끝자락의 섬 아닌 섬, 보리섬으로 후퇴하였다. 보리섬은 '만조'(滿潮)가 되면 길이 없어지고, '간조'(干潮)가 되면 길이 생기는 작은 바위 섬이었다. 그때가 바로 바닷물이 무릎까지 올라오고 있던 만조였다. 여기까지 추격해온 공산군은 보리섬을 향해 무차별 총격을 퍼부었다. 이때도 몇 부대원이 총탄에 맞아 쓰러지면서 쏟은 피가 바다를 붉게 적셨다고 한다.

| 옹진반도 지도

1952년 1월 9일 밤의 바다는 영하 20도를 오르내리고, 바위만이 있는 보리섬 안의 동굴은 부상을 입은 부대원들이 차지하였다. 이때 학생들이 입었던 군복은 물에 젖어 모두 나무처럼 얼어붙었다. 학생들은 옷을 벗고 서로 몸을 대고 비비면서 밤이 새도록 추위와 싸워야 했다. 썩은 나뭇가지로 불을 피워 추위를 쫓아내기도 했다. 이 무인도, 바위섬에 식수나 먹을 것이 있을 리 없었다.

통신대였기에 창린도를 먼저 빠져나온 나와 대원들은 구사일생으로 아침이 되어서야 마지막 섬, 기린도에 도착했다. 통신장비와 총을 둘러멘 우리는 선창가에서 2km를 맨발로 걸어서 동네에 들어갈 수가 있었다. 젖은 옷을 말리기도 전에 우리는 다시 돛대를 세우고 8240 사령부에 창린도가 점령되었음을 알렸다.

이때 사령부는 즉시 보리섬에 묶여있는 400여 명의 구출작전 계획을 물어왔다. 우리는 잠시 피난민들이 끓여준 죽을 먹고, 기린도 부대 대대장 이시영과 화랑공작대장 김두수와 곧바로 작전 계획에 들어갔다. 사령부에는 해군함정의 엄호와 함재기의 지원을 요청하고, 기린도 주민들과 피난민들에게는 '주먹밥' 1,000개를 부탁했다.

나와 김두수는 선창가로 나갔다. 때마침 선창가에는 한국 해군소속 수송선, FS충주호가 피난민 구호식량 수송 차 왔다가 잠시 정박 중이었다. 김두수와 나는 충주호에 올라 선장에게 저 건너 보리섬에 400여 명의 우리 젊은 학생들이 지금 죽어가고 있음을 알리고, 구출작전에 참여해 줄 것을 요청했다.

그러나 선장은 우리의 요청을 한마디로 거절했다. 해군본부로부터 허락을 받아야 한다는 것이 이유였다. 이때 피가 거꾸로 치솟은 김두

수는 메고 있던 카빈총을 선장 목에 들이댔다. 조국을 지키다가 지금 바다 한가운데서 동사하거나 굶어 죽어가는 이 나라의 젊은이 400명을 앞에 두고 상부의 명령을 운운하는 선장은 역적(逆賊)이라는 생각 때문이었다.

목에 총이 들어오자 겁에 질린 선장은 하는 수 없이 배의 시동을 걸었다. 그리고 기린도에서 차출한 목선 20여 척을 줄로 매고 (20여 척의 목선에는 어부 한 사람씩 타고 있었다) 충주호가 앞에서 20여 척을 끌기 시작했다. 충주호 안에는 주민들이 만든 주먹밥 1,000여 개가 실려 있었다.

1952년 1월 10일, 우리가 기린도를 떠난 것은 12시가 지나서였다. 기린도 섬 끝을 돌아 우리는 보리섬으로 향하였다. 뒤에 매단 목선 20척 때문에 수송선은 속력을 낼 수가 없었다. 학도유격대 전사(戰史)는 그때를 이렇게 기록하고 있다

10일 12시경이었다. 수평선 멀리 기린도가 가물가물 보이고 그 바다 멀리 수평선에 검은 연기가 솟아 올라오며 검은 점 하나가 나타났다… 가까이 다가오는 물체가 선박임이 확인되고… 지금까지 죽음의 섬이었던 보리섬에 함성이 터지면서 대원들은 흥분하기 시작했다…
(『학도유격부대전사』, 283쪽)

"구호선이 온다… 배는 아직 멀리 있었지만 대원들의 환호소리가 하늘을 찔렀다." (『학도유격부대전사』, 283쪽)

우리가 보리섬을 향해 접근하고 있을 때 4척의 영국 함정이 우리를 호위하면서 공산군 손안에 들어간 창린도를 향해 포격을 가하기 시작했다. 이때 공산군은 아무런 반격도 하지 못했다.

충주호는 한 시간 뒤에야 보리섬 앞까지 도달하였다. 그러나 바위와 암초 때문에 섬에 더 가까이 접근할 수가 없었다. 이때 어부들은 노를 저어 목선 20여 척을 보리섬에 대고 부상자, 피난민, 부대원 순으로 실어 나르기 시작했다. 그리고 충주호에 모두를 승선시켰다. 그날 밤 추위에 동사한 대원 몇의 시체는 하는 수 없이 그곳 양지에 가매장을 할 수밖에 없었다.

연대장도 참모장도 살아 있었다. 나는 충주호에 올라오는 한 사람 한 사람에게 '주먹밥'을 나누어 주었다. 주먹밥을 받는 부상병, 피난민, 유격대원들의 눈에는 기쁨 어린 눈물이 글썽였다.

그때가 1952년 1월 10일 오후 5시경이었다. 우리가 돌아오는 때 임무를 마친 영국 함정 4척은 먼바다로 돌아가고 있었다. 구출 작전은 이렇게 성공리에 끝났다.

그러나 창린도전투에서 입은 상처와 패배는 학도유격대를 치명적인 사기 저하로 몰아갔다. 사살된 대원이 40여 명, 포로로 잡혀간 젊은이가 30여 명, 부상당한 이가 30여 명 그리고 다수가 행방불명되었다. 그보다 더 심각한 문제는 부대원 전원의 사기가 땅에 떨어진 데 있었다. 재기가 불가능했다.

1952년 1월 1일에서 10일까지 불과 10일 사이에 우리는 네 개의 섬, 용호도, 순위도, 어화도, 창린도를 모두 빼앗기고, 이제는 패기와 기백마저 잃어버린 패잔병들이 되어 마지막 섬, 기린도에 숨어 있어야 했다.

　당시 18살 나이의 어린 통신대장이 꼬리를 물고 이어진 피나는 전투, 특별히 용호도전투와 창린도전투에서 동료 부대원 수백 명을 구출할 수 있었던 것은 인간의 지혜도 용기도 아니었다. 그것은 하나님의 크신 돌보심이었다. 생명을 얻은 것 못지않게 이 엄청난 경험은 나로 하나님 앞에 한평생 빚진 자가 되게 만들었다.

11장

전쟁 이야기 III
— 기린도의 1개월 그리고 대반격

보리섬에서 구출되어 기린도로 이송된 400여 명의 학도유격대원들은 더 이상 군인이 아니었다. 기백과 의욕마저 포기한 패잔병, 그이상도 이하도 아니었다. 이때 긴급 간부회가 소집되고 주력 부대 500여 명(기린도 대대 포함)은 백령도로 가고(8240 본부), 기린도에는 특공대 20명과 통신대만 남는다는 결정이 내려졌다. 어느 날 있을지도모르는 반격을 위해 기린도를 전진기지로 삼아야 한다는 결론이었다.

그때 나는 당황과 실망이 교차하였다. 나도 지칠 대로 지쳐 있었다. 그리고 사지에 홀로 버려지고 있다는 느낌 때문이었다. 이때 눈치를챈 참모장이 다가왔다. 자신도 남아서 이 섬을 함께 지킬 테니 함께하자고 제안하였다. 누구보다 그의 충정과 인간 됨을 아는 나는 동의하고 기린도에 머물기로 했다.

주력 부대가 백령도로 이동한다는 소문이 퍼지자, 기린도 주민과피난민은 술렁이기 시작했다. 그러나 기린도에서 다른 섬으로 피난할

삶, 여정, 이끄심

곳은 아무 데도 없었다. 이때 우리는 다시 백령도 사령부에 LSD(대형 수송선)를 요청하고, 기린도 주민(피난민 포함) 모두를 철수시킬 준비에 들어갔다. 기린도 주민들은 동물만을 제외한 모든 살림살이를 챙겨서 LSD로 전남 목포까지 이동하였다.

학도유격대 주력 부대는 백령도로, 주민은 목포로 떠나고, 기린도 는 하루아침에 유령 마을(ghost town)이 되었다. 텅 빈 집들과 버려진 가축들(소, 돼지, 개)은 먹을 것을 찾아 논과 밭을 마구 헤집고 다녔다.

1952년 1월 중순, 큰 섬 기린도에는 참모장 김명규, 공작대장 김두 수, 나와 통신대원 10여 명 그리고 화랑대원 20여 명만이 남았다. 우 리는 섬 남단 바닷가의 작은 흙집 하나를 본부로 정하고, 화랑부대는 언덕 위에 참호를 파고 경비에 들어갔다.

학도유격부대 전사는 이때를 이렇게 기술한다.

"기린도를 한 바퀴 돌면서 선착장의 소형 선박들을 모두 파괴하였다. 만에 하나 적이 기린도 상황의 기밀을 가지고 나가지 못하게 하는 조 치였다."(앞의 책, 288쪽)

아침이 되면 화랑대원과 통신대원들은 유령화된 동네를 순회하면 서 버리고 간 참기름, 고춧가루, 소금 등 먹거리를 수거하고, 논과 밭 을 헤매고 다니는 소들을 끌고 왔다. 식량이라곤 전무했던 그때 우리 는 소 9마리를 차례로 잡아 식량으로 삼아야 했다. 조반, 점심, 저녁을 소고기로 먹다 보니 일주일은 좋았다. 그러나 밥 없이 고기만을 먹는 것은 또 다른 고역이었다.

밤이면 적지와 기린도 사이를 지키는 한국 함정이 있었다. 우리는 무전으로 서로 교신하면서 상황을 점검하곤 하였다. 낮이 되면 해병들은 배를 타고 쌀을 가져오고, 우리는 생고기를 주곤 하였다. 이런 생활이 한 달간 계속되었다. 그러나 그것은 1년 보다 더 길고 지루하고 절망적인 시간이었다. 이때도 본토에서의 전쟁은 격화되고, 대한민국은 점점 피곤과 쇠퇴 그리고 멸망으로 빠져들고 있었다. 그 사이 백령도와 대청도에서는 학도유격대 부대 재편성이 활발히 진행되고, 대원들의 사기는 조금씩 살아나기 시작했다.

1952년 2월 중순, 아직 봄은 아니지만 혹한이 물러가자, 제1대대가 기린도로 다시 돌아왔다. 이때 지휘권을 다시 쥔 참모장과 대대장 그리고 간부들은 빼앗긴 섬들을 되찾는 대반격을 계획하고 준비에 들어갔다. 나는 통신대장으로서 군함과 전투기 지원을 위한 사령부와의 교신 시스템 점검에 들어갔다.

그리고 1952년 2월 중순, 일대 역습이 시작되었다. 그동안 빼앗긴 섬들을 이번에는 역으로 창린도부터 탈환하기 시작했다. 요란한 전투기 사격과 함포 사격은 상당수의 공산군을 살해하거나 도주시키고, 창린도에 상륙한 학도유격대원들의 복수전은 남아서 저항하던 공산군을 사살하거나, 포로로 잡는 승리로 이어갔다.

이때 한두 달을 공산치하에서 살았던 창린도 주민들의 환호는 하늘을 찔렀다. 이때 우리 학도유격대는 해방의 주역이 되고 있었다. 그리고 우리는 빼앗겼던 창린도, 어화도, 순위도, 용호도를 차례로 탈환하는 기염을 토했다. 지금의 유격대는 한두 달 전 공산군에 밀렸던 풋

삶, 여정, 이끄심

내기들이 아니었다. 강력한 군대로 변하고 있었다.

잃어버렸던 네 섬을 다시 탈환한 학도유격대는 본부를 어화도로 옮기고, 대열을 다시 정비한 후, 작전에 일대 전환을 가져왔다. 섬을 수호하던 방어전에서 이번에는 적지(본토)에 파고들어 과감한 기습을 펼치는 공격적 전투로 전환했다.

1952년 6월 23일의 '안락리 기습작전', 7월 중순 '창린도로 유인한 적 섬멸' 그리고 7월 하순 '수동대교 폭파작전'은 학도유격대가 세운 기념비적인 전과들이었다.

이제 학도유격대는 어린 학생들의 아마추어 유격대가 아니라, 서해를 지키고 공산군을 떨게 하는 강력한 게릴라 부대로 변신하였다. 이것은 놀라운 변신이었다. 이들이 흘린 피와 생명은 지금의 NLL북쪽 옹진반도의 섬들을 지금도 말없이 지켜내고 있다.

그러던 어느 날 나는 너덜너덜 다 찢어진 봉투 하나를 받았다. 몇 달이 걸려서 온 편지였다. 그 편지는 어머니로부터 온 편지였다. 헤어진 후 7개월 동안 소식을 알 수 없었던 어머니의 편지를 받는 순간 나는 눈물부터 쏟아냈다. 놀랍게도 발신지는 1950년 6·25 발발 이후 한 달간 내가 피난했던 친구의 고향, 충남 보령군 주산면이었다.

나는 부하 대원들의 눈을 피해 편지를 들고 간이 변소로 들어갔다. 그리고 변소 안에서 실컷 울었다. 가족의 무사함, 그동안 누적된 피로가 겹치면서 터져 나온 눈물이었다. 어머니의 편지는 유격대를 이제 제대하고 가족에게로 내려오라는 내용이었다.

이때 나는 깊은 고민에 빠졌다. 전쟁이 여전히 계속되고 있는 지금, 유격대를 떠난다는 것이 내가 누구를 배신하는 것 같은 생각 때문이

| 호국영웅증

었다.

그러나 다른 한편 지난 1년 반의 삶은 기적 같은 여정이었지만, 너무도 많은, 너무도 벅찬 비극의 흑암 속에서 너무도 많이 지쳐 있었다. 그리고 이제는 대역습을 감행할 만큼 커진 학도유격대였다.

깊은 고심 끝에 나는 결심했다. 부모님 곁으로 가자. 그리고 중단됐던 서울농업중학교 5학년(고 2)을 마치자. 그리고 나는 연대장과 참모장에게 사표를 제출했다. 만류하고 설득했으나 나의 결심을 돌리지는 못했다. 나는 작은 보따리 하나를 메고 홀로 인천으로 향하는 배에 몸을 실었다. 그날은 1952년 8월 하순, 어느 무더운 여름날이었다.

학도유격대! Donkey 11! 나의 생명을 살려 준 고마운 부대였다. 그리고 미력이나마 나라를 지키고 동료를 지켜낸 내 젊음의 빛나는 시간(highlight)이었다.

여기서 인생을 배우고, 하나님의 신비와 인도하심을 경험한 믿음의 여정이었다. 그리고 18살, 19살 나이의 통신대장! 그것은 자랑스러운 나의 이름이었다.

삶, 여정, 이끄심

5
막

하나님의 이끄심

1952~1960

12장

그토록 싫었던 신학생이 되다

유격대의 제대 절차는 아주 간단하고도 명료(?)했다. 참모장을 통해 연대장에게 부대를 떠난다는 말 한마디로 모든 것이 끝났기 때문이다. 제대증도, 아무런 보상도 없었다. "그동안 수고했어." 이 한마디로 모든 것은 끝이 났다.

처음부터 빈털터리였지만, 1년 반 동안 모든 것을 다 쏟고 떠나는 나에게는 뱃삯조차 없었다. 하는 수 없이 배 주인에게 사정하고 인천까지 가야 했고, 가족이 있는 충남 보령까지는 닥치는 대로 트럭을 타고 갈 수 있었다. 어찌 보면 이것이 전쟁의 멋인지도 모른다.

7개월 만의 만남! 아버지와 어머니 그리고 동생들은 무사히 돌아온 아들과 형을 반갑게 맞아주었다. 그러나 아침, 점심, 저녁을 '쌀겨 죽'으로 연명하는 가족의 피난살이는 한없이 안쓰럽고 괴로웠다.

며칠을 머문 후 나는 서울로 침투하였다. 아직 전쟁 중이었기에 서울은 철저히 통제되고 있었고, 몰래 침투할 수밖에 없었다. 1년 반 전쟁과 죽음을 헤치고 살아나온 나는 이제 그 무엇도 두려울 것이 없는 젊은이로 변해 있었다.

그다음 날 나는 꿈에도 그리던 모교, 서울농업중학교를 찾았다. 1년 반 만에 학교를 다시 찾은 것이다. 그리고 교무주임 선생님을 찾아 뵈었다. 이번 학기에 복학하고 싶다고 했다. 선생님은 나의 중학교 4학년(고 1)과 중학교 5학년(고 2) 1학기 성적표를 들고 오시면서 내 성적을 유심히 보시더니, "너 반에서 수석했구나"라고 한마디를 하시고는, "중학교 6학년(고 3)으로 올라가 공부해"라고 말씀하셨고, 그 자리에서 나를 졸업반에 넣어 주셨다. 놀라기도 하고 흥분도 된 나는 "감사합니다. 열심히 하겠습니다"라고 인사를 한 후에 교무실을 나왔다.

1년 반을 월반하고 두 달만 공부하면 중학교 6년(고 3)을 졸업하게 된다는 흥분은 지난 1년 반 동안 겪은 전쟁의 아픔을 한순간에 탕감

┃ 제대 후 교복 차림

해주는 느낌이었다. 그리고 나는 다시 교복에 '중 6' 배지를 달고 서울 거리로 나섰다. 아무것도 없는 거지였지만, 나는 모든 것을 소유한 부자였다.

그리고 주일, 나는 2년 만에 수표교교회에서 예배를 드렸다. 6·25 이후 2년 만에 드리는 예배였다. 담임목사님은 신흥철 목사님, 인자하시고 부드러운 목사님이셨다. 유격대 군복을 벗고 교복으로

삶, 여정, 이끄심

갈아입은 19살의 젊은이, 그런데 이 젊은이는 예배시간 속으로 한없이 눈물을 쏟아내고 있었다. 그것은 지옥으로부터 살아나온 감사의 눈물이었다. 그리고 학생회 회장직을 다시 계속하게 되었다.

1952년 가을, 서울농업중학교 6학년 마지막 학기는 계속되는 전쟁, 무정부 상황, 서울의 폐허, 가난과 배고픔이 겹치면서 정상적인 수업으로 이어지지는 못했다.

| 서울농중 6년 교복 차림

그리고 1년 반을 월반한 나는 수업을 따라가기가 버거웠다. 그러나 졸업을 앞둔 나는 '졸업 후'의 문제와 깊이 씨름을 해야 했다.

경제학을 공부해 가난을 이겨 보려고 모 대학 1차 시험에 응시하였으나 낙방하고 말았다. 이제 나는 어디로 가야 하나? 무엇을 해야 하나? 주변에서는 신학을 권하는 몇 분이 있었지만, 죽어도 목사는 되고 싶지 않았다. 당시 목사들은 너무도 가난했기 때문이었다.

그러던 어느 날 편지 하나가 날아왔다. 고향 친구, 박신원의 편지였다. 군 복무 중 부상을 입고 제대한 후 지금 피난 중에 있는 부산 감리교신학교 '예과'(고등학교 과정을 포함한)에 재학 중이라 했다. 내 소식을 듣고 신학교로 오라는 편지였다. 이 끈질긴 인연을 무엇으로 설명할 수 있을까? 그리고 신흥철 목사님이 정중하게 신학을 권하셨다.

모든 길은 다 막히고 신학교 문만이 열려 있는 막다른 골목, 그때 나는 신학을 하나의 운명처럼 받아들였다. 그리고 1952년 늦가을, 부산 감리교신학교 입학시험을 치렀다. '선한 사마리아인의 이야기'를 영어로 설명하라는 문제가 지금도 기억에 남는다. 그리고 합격했다. 나는 내가 선택하지 아니한, 그러나 운명처럼 둘러싸는 올무에 매여 부산 피난, 감리교신학교 학생이 되었다.

부산 수정동에 자리한 피난 감리교신학교는 예배실 겸 교실, 기숙사 겸 교실 겸 식당으로 지은 건물 모두가 판잣집이었다. 그 좁은 공간에 남녀 신학생은 모두 약 200명, 가족적 분위기까지는 좋았으나 집단생활은 끊임없는 부딪침의 연속이었다. 다만 세끼 밥을 먹을 수 있다는 것만으로 모두는 행복한 듯하였다.

당시 감신에는 2학년에 동향인, 오영근 선배(후일 혜성교회 담임목사)와 박봉배 선배(후일 감신대 학장, 목원대 총장)가 있었고, 1학년에는 이정욱(후일 미국 선교부), 박신원(후일 종교교회 담임목사), 전일성(후일 정동제일교회 장로)이 먼저 와 있었다. 그리고 나의 입학을 모두 환영해 주었다.

그러나 솔직히 부산 감신의 1년은 깊은 번민의 한 해였다. 신학에 뜻이 없었던 것이 첫째 이유였지만, 그보다는 6·25의 긴긴 전쟁과 죽음의 공포를 한순간도 떨쳐 버릴 수가 없었기 때문이었다. 밤이면 밤마다 공산군에게 쫓기고 죽음의 순간과 씨름해야 하는 악몽의 연속이었다.

그래서 당시 미국에서 신학을 공부하고 귀국하신 훌륭한 교수님들, 홍현설 교장님, 송정률 학감님, 김폴린 교수님, 이호운 교수님, 김철손 교수님들이 계셨지만, 그분들의 강의가 귀에 들어오지 않았다. 어린 나이에 이미 몸과 영혼은 지치고 시들어 있었다. 이때 나는 나 스스로

| 부산 감신 - 박신원, 저자, 전일성(수표교교회팀)

| 부산 감신
- 이계준과 저자

| 부산 감신 - 졸업식, 성가대

| 부산 감신 떠나기 전, 서울로 이전을 앞둔 기념사진

| 서울 냉천동 구 캠퍼스 - 전교생

| 서울 냉천동 구 캠퍼스에서
　(겨울)

비참한 자신을 저주하고 있었다. 그리고 언제라도 신학교를 떠나 다른 학교로 전학할 수 있는 길을 찾아 여기저기 두리번거렸다.

그러던 1953년 7월, 100만 명의 소중한 생명을 앗아간 6·25 전쟁이 3년 만에 휴전으로 들어갔다. 우선 총성과 살상이 멈춘 것만으로도 충분했다. 이제 피난민, 피난 학교는 모두 서울로 돌아가게 되었다. 서울 서대문 냉천동으로 돌아온 감신은 그 위상이 부산 피난 학교와는 비교도 되지 않았다. 서양식 건물, 선교사 주택, 감리교 본부, 제대로 된 기숙사는 이국적 분위기마저 풍기고 있었다.

기숙사 한 방에는 박신원, 전일성, 박성호, 채인식 그리고 내가 룸메이트가 되었다. 함께 자고, 함께 먹고, 함께 공부하고 또 밤늦도록 토론하는 공동생활을 하면서 나도 모르는 사이에 조금씩 변하고 있었다. 공동생활이 그동안 갈라지고 찢어진 내 영혼을 감싸주는 듯하

삶, 여정, 이끄심

였다. 그때 기숙사생은 아니었지만 이계준이 합류하면서 분위기는 더 활발해졌다. 이때 주역은 채인식 형이었다.

서울로 귀환한 감신은 윤성범 박사님, 이환신 교수님, 윤종선 교수님 그리고 Miss Stockton 교수님의 가세로 크게 보완되었다.

그러던 어느 날 채인식 형과 이계준 그리고 나, 셋은 한 다과점에서 자연스럽게 신앙의 동지가 되는 약속을 하게 되었다. 2학년생 모두가 좋은 친구들이었지만 '학문적 공감대' 같은 것이 세 사람을 하나의 동지로 묶은 것이다.

채인식 형은 성격이 곧고, 철학적이었으며, 신중한 인격자였다. 이계준은 성격이 활발하고, 개방적이며, 친구를 좋아하는 사교형의 친구였다.

그리고 1954년 가을 어느 날 감신 전체가 경기도 광주 남한산성으로 소풍을 떠났다. 그때 미국에서 새로 오신 Miss Stockton 교수가 동행하였다. 그러나 한국말을 전혀 할 수 없었던 이 선교사는 내내 한구석에 외로이 서 있었다. 말을 건네는 사람도 없었다.

나는 무심코 홀로 서 있는 Miss Stockton 교수에게 다가가 "How are you? My name is Joon Kwan Un"이라는 서툰 영어로 말을 건넸다. 이때 Miss Stockton은

| 채인식, 이계준, 저자

| Miss Stockton과 저자

미소로 "너 영어 잘 하는구나"라고 칭찬하시면서 대화를 이어가셨다.

짧은 영어 때문에 진땀을 뺐지만, 이때 나눈 짧은 대화가 Miss Stockton과 한평생 끊을 수 없는 은사와 제자 사이로 묶어줄 줄은 몰랐다. 그 후에 Miss Stockton 선생님은 나에게 영어 번역, 수업 통역 그리고 거처하시는 충정로 사무실 청소까지 맡기셨다. 조교 아닌 조교가 된 것이다. 그리고 나에게 소정의 사례를 주시곤 하셨다. 장학금이 절실했던 나는 아르바이트를 하고, 영어를 동시에 공부할 수 있는 기회를 얻게 된 것이다.

그러나 문제는 그 다음이었다. 선생님은 나를 만날 때, 일을 시킬 때, 번역을 하고 있을 때, "너는 기독교교육을 공부해서 한국교회의 미래를 준비해야 한다"라는 말씀으로 권면하시는 것이었다.

당시 기독교교육은 여학생들의 '전유물'처럼 여겨지던 때였다. 그때마다 나는 "교회사를 공부할 겁니다"라는 말로 직답을 피하곤 하였다.

삶, 여정, 이끄심

그러나 선생님은 포기하지 않으셨다. 그로 인해 선생님과 나는 오랫동안 평행선을 걸었다. 그러나 그토록 순수하고 헌신적이셨던 Miss Stockton 교수님의 인간 사랑은 신학을 향해 조금씩 다가가도록 밀어주는 에너지로 다가오고 있었다.

13장

3대 경사

1955~1957

1955년은 나에게 두 가지 큰 선물을 남긴 축복의 해였다. 하나는 충청북도 충주 칠금리 여름성경학교를 통한 교회설립이고, 다른 하나는 김애선과의 만남이었다.

1952년 유격대를 제대하고 잠시 머문 충남 보령 주산면 피난 집에서 보고 경험한 비참한 피난 생활은 나를 많이 괴롭혔다. 그래서 나는 부모님에게 무조건 그 동네를 떠나 충남 예산군 삽교로 이사하시도록 부탁드렸다. 삽교는 1950년 7월 친구 따라 피난을 가던 철도 위에서 잠시 눈여겨 보아두었던 동네였다. 무작정 삽교로 이사를 온 후, 아버지는 '기름 짜는 기계'로 그리고 '실' 장사로 조금씩 안정을 찾아가고 계셨다.

그러나 1955년 여름방학에 나는 충청북도 충주의 변방, '칠금리'에서 처음 열리는 여름성경학교 교사로 초청을 받아 충주로 향하였다. 이때 옛 은사이신 박용익 목사님은 충주제일교회 담임목사로 계셨고,

친구 박신원은 방학 차 충주 목사관으로 내려와 있었다.

충주를 가로지르는 큰 강을 낀 작은 동네, 칠금리에는 김남현 권사님이 대농의 여주인이셨다. 권사님이 박용익 목사님을 통해 나를 초청하신 것이었다.

권사님은 자기 소유의 창고와 땅을 주일학교에 헌납하시고 전도의 문을 여셨다. 여름성경학교가 시작하는 날부터 이 동네 어린이와 청소년 100여 명이 모여들었다. 동네 여자 교사들의 도움으로 여름성경학교는 성공적으로 끝났다. 이것이 모퉁잇돌이 되어 칠금감리교회가 설립되었다. 내가 칠금리교회를 설립한 것이다.

그리고 나는 충남 삽교, 우리집으로 돌아왔다. 뒤에는 큰 과수원, 동네 끝자락에는 삽교감리교회가 자리하고 있었다. 과수원 앞 길가에 흙으로 지은 10여 평짜리 집이 우리집이었다. 마당은 20평 정도, 그 앞에는 작은 연못이 있었다.

그 흙집은 나에게 궁궐이었다. 1949년 5월 황해도 옹진 염불리 집이 공산당 손에 불탄 이후 꼬박 6년 동안 '집 없는 거지'로 살아온 우리에게 이 집은 바로 천국이었다. 그리고 몇 년 만에 어머니가 지어주시는 따뜻한 밥은 꿀맛이었다. 아버지는 '실' 사업으로 삽교 장터에서 소문난 상인이 되셨다. 그리고 둘째 동생 재관이는 고등학생, 길관이는 중학생 그리고 막내 병관이 모두가 씩씩한 모습으로 성장하고 있었다. 무엇보다 온 식구가 신실한 그리스도인이 되어 교회를 섬기는 기독교 가정이 되고 있었다.

나는 오랜만에 긴 잠을 자고, 낮에는 바깥 큰 나무 밑에서 그해 크리스마스 각본 '험하고 좁은 문'을 완성하였다. 그리고 나는 1955년

| 아내가 된 김애선과의 첫 데이트, 1956년 3월

가을학기, 다시 서울 감신으로 돌아왔다.

1955년 늦가을 어느 날, 나는 기숙사 내 방 책상에서 책을 읽고 있다가 잠시 창문 밖을 내다보고 있었다.

그런데 기숙사 앞마당에 낯선 여대생 하나가 누군가를 찾는 듯이 서 있는 것을 보고 밖으로 나가 안내해준 일이 있었다. "혹시 누구를 찾아오셨나요?" 내가 물었다. "네, 김찬익 선생님을 뵈었으면 합니다." "잠깐만 기다립시오." 그리고 나는 1년 후배인 김찬익을 불러냈다. 여대생은 김찬익에게 봉투 하나를 건네고는 사라졌다.

궁금해진 나는 김찬익에게 그 여대생이 누군가를 물었다. 수원, 사강을 지나 서신이라는 동네 목사님의 딸이라고 했다. 서신이면 내 사촌 누나 은응현이와 김찬익(둘은 곧 결혼할 사이)이 사는 동네였다.

물론 그때 남의 처녀 얼굴을 유심히 볼 수는 없었으나 첫 인상이 깊이 남았던 것 같았다. 다만 나는 그 여대생이 '서신감리교회' 목사님 딸

삶, 여정, 이끄심

이라는 것까지만 알게 되었다.

그리고 1955년 초 겨울, 인후학사(감리교 목사 아들들의 기숙사) 남학생들과 명덕학사(감리교 목사 딸들의 기숙사) 여학생들이 여는 크리스마스 합창제가 '석교감리교회'에서 열렸다. 박신원이가 사회를 맡았기에 나는 구경하려고 참석하였다. 그런데 순서 중 듀엣 프로그램에 내가 본 아가씨가 출연하였다. 메조 소프라노의 맑은 소리는 하늘의 영감을 전하는 소리였다.

그리고 이듬해, 1956년 1월 초 서신에서는 초등학교 교사였던 사촌 누나, 은웅현의 결혼식이 있었다. 신랑은 김찬익(당시 감신대 2학년)!

나는 가족을 대표하여 누나의 결혼식에 참석하기 위해 서신에 갔다. 결혼식 전날은 수요일이었다. 수요예배에 참석하고 예배 시작을 기다리고 있었다. 그런데 누군가 찾아와 나에게 즉석 설교를 부탁하고는 사라졌다.

신학생이 된 죄로 졸지에 설교자가 된 나는 단에 올라 '선한 사마리아인 이야기'를 적당히 풀고 내려왔다. '호롱불'로 비추는 어두컴컴한 예배당 안에는 담임목사님과 내가 본 여대생이 다가와 인사를 건넸다. 여대생과는 두 번째 만남이었다.

그다음 날은 누나의 결혼식 날이었다. 오전 10시경 누나의 화장을 도와주기 위해 신부 집으로 들어오는 아가씨를 보았는데, 그녀는 감신 기숙사 앞마당에서, 합창제에서, 어젯밤 교회에서 보았던 그 여대생이었다. 그때 이상스럽게 내 가슴이 뛰기 시작했다.

교회에서 결혼예식이 시작되었다. 이때 그 아가씨가 반주석에 앉았다. 그리고 오르간(옛날식 오르간)을 아름답게 연주하기 시작했다. 예식이 진행되는 동안 나는 나도 모르는 사이에 내 눈이 계속 그 여대생을 향하고 있었다. 그 여대생도 직감 같은 것을 느꼈는지 가끔 나를 쳐다 보곤 하였다.

잠시, 아주 잠시 스쳐 지나가는 눈과 눈의 접촉! 이때 나는 이 여대 생에게 내 혼을 빼앗기고 있었다. '눈 맞춤'은 결혼식 후 피로연에서도 이어졌고, 그날 밤 교회 청년들이 마련한 이야기 마당에서도 이어졌 다. 그날은 누나의 결혼식 날이었지만, 나는 오랜만에, 정말 오랜만에 내 혼을 앗아가는 한 아가씨를 만난 것으로 흥분해 있었다.

후일에 안 이야기지만, 그해 서신교회 크리스마스(Christmas) 연극 은 내가 쓴 각본 '험하고 좁은 문'으로 서신교회 청년들이 연극을 상연 하고, 이 여대생이 연출을 맡았다고 한다. 내가 서신에 갔을 때는 내 이름이 그곳 청년들 사이에 유명인이었다고 한다. 연극 각본이 아가 씨를 유인하는 데 한몫을 한 것 같았다.

그다음 날, 충남 삽교로 돌아가는 날이었다. 그런데 목사님(여대생의 아버지)께서 나를 다음 날 저녁에 목사관을 방문하도록 초대하셨다. 나 는 귀가를 하루 미루고 목사님 거처를 찾아갔다. 저녁은 진수성찬이 었다. 여대생이 준비한 저녁식사였다.

목사님 존함은 김봉경 목사님, 평남 순천에서 아들 김관선 목사(후 일 육군 군종감)와 큰딸 김애선만을 데리고 남하한 피난민이었다. 어머 니와 동생 셋은 피난 도중 생이별이 된 이산가족이었다.

그날 저녁 나는 후대를 받았다. 식사가 끝난 후 목사님과 나 그리고 여대생은 바닷가 숲을 한 시간 동안 산책하였다. 아버지 목사님이 데 이트를 주선한 셈이다.

삶, 여정, 이끄심

그다음 날 서신에서 버스를 타고 삽교로 돌아오는 길이었다. 그런데 목사님께서 버스 정류장까지 나오셔서 배웅을 해주셨다. 그리고 딸이 주는 '손수건'을 선물로 주셨다. 그때 내 가슴은 벅차오르고 과거에 경험해 보지 못한 기쁨 같은 것이 나를 감싸고 있는 것을 느꼈다.

삽교로 돌아온 나는 즉시 감사의 편지를 목사님과 여대생에게 보냈다. 여대생에게는 새 학기 서울에서 만나자는 데이트 신청도 겸하였다. 이것이 김애선과의 만남 서곡이었다.

1956년 2월 말 서울로 돌아온 나는 약속한 날 그리고 장소(서대문 네거리의 한 2층 다방)에서 김애선을 만났다. 인연도, 연관도 없었던 두 사람의 처음 만남은 흥분과 어색함이 교차하는 첫 데이트였다. 그러나 우리는 날이 갈수록 서로에 빠져들어 가고 있었다. 그동안 만나고 헤어진 여자들이 없었던 것은 아니다. 그러나 이런 감정은 처음이었다.

김애선은 평남 순천에서 태어나 그곳에서 초등학교와 중학교까지 다녔다. 그러나 공산 치하에서 기독교 신자라는 이유로 '반동분자'로 몰려 학교를 중단하고, 오빠 김관선이 공부하고 있는 평양 성화신학교 고성과(고등학교 과정)에 재학 중 1·4 후퇴(1951년)로 남한으로 내려온 피난민이었다.

김애선은 소프라노(soprano)로 크게 성공할 수 있는 재질을 가지고 있었다. 그러나 경제적 사정으로 꿈을 이루지 못하고, 대신 유아교육을 전공하는 '한국보육대학'(숭의여전 전신)의 졸업반에 재학 중이었다.

김애선과의 만남은 연애로 이어지고, 우리는 애인의 관계로 급속히 발전하였다. 같은 신앙, 같은 피난민 그리고 신학생과 목회자 자녀라는 공통점이 우리를 하나로 연합시키는 끈이 되었는지도 모른다.

| 약혼식 사진

 1949년 고향 잃음, 1950년 6·25 그리고 1951년에서 1952년 학도 유격대로 이어진 전쟁, 가난, 배고픔, 죽음의 골짜기에서 상할 대로 상한 내 영혼 앞에 김애선은 하나님께서 보내주신 소중한 선물이었다. 그리고 김애선과의 만남은 새로운 삶의 활력으로 변하고, 목회자의 소명으로까지 이어주는 모멘텀(momentum)이 되고 있었다.

 그리고 우리는 1956년 가을(내가 신학교 4학년 때) 서울 YWCA에서 약혼식을 올렸다.

 솔직히 고백하면 4년의 감신은 그리 행복했던 시간은 아니었다. 신학의 '맛'을 접할 수 있는 과목이나 분위기가 부족했기 때문이었다. 그래서 나는 '신학원서'(영어)를 가지고 홀로 씨름하는 독학의 길을 걸었다. 그래서 많은 신학도에게 나는 '원서'를 끼고 다니는 외톨이(?)로 소문이 나 있었다.

 그리고 나는 시내 여러 교회 학생회(수표교교회 학생회, 남산교회 학생회, 일신교회 학생회)를 지도하는 교회사역을 통해 오히려 더 많이 배우고

삶, 여정, 이끄심

ㅣ 감신 김용옥 교수(한탄강에서)

있었다.

　바로 그때 미국에서 석사학위를 마치고 돌아온 젊은 교수가 혜성처럼 등장했다. 김용옥 교수님이셨다. 그의 과목은 '신약신학개론'이었지만 이 과목은 헤매고 있던 나의 신학 여정의 한 전환점이 되었다.

　그 과목은 나를 신학의 세계로 인도하는 최초의 신학 구조였으며, 신학 방법이었다. 그리고 1957년 5월 내 일생을 결정짓는 3대 경사가 한꺼번에 찾아왔다.

　1. 감리교신학교 졸업(당시 모든 신학교는 대학에 준하는 학년 인정)
　2. 군목 임관(3개월의 군사훈련 후 30사단에서 복무)
　3. 김애선과의 결혼(5월16일)이라는 큰 축복을 받았다.

　그래서 나는 지금도 1957년을 내 생애의 소중한 때로 기억한다. 더욱이 1949년 고향 집이 불탄 이후 8년 만에 찾아온 행복한 순간들이었다.

　그렇지만 삶을 즐기기에는 아직 요원했다. 여전히 끼니를 걱정해야 하는 '전후시대'(前後時代), 정치적 – 사회적 혼란은 계속되고 있었다.

| 감신 졸업(1957.05.10.)

| 결혼(1957.05.16.)

| 포병사령부 교회(28사단)

| 포병사령부 교회(28사단)

삶, 여정, 이끄심

14장

다시 군인(군목)이 되다

1957년 5월 신학교 졸업, 군목 임관 그리고 결혼이라는 세 가지 축복은 나를 생의 2라운드(round)로 끌어올리는 일대 전환점이 되었다.

나는 육군 군목(군종장교 중위)이 되어 이번에는 옹진도서가 아닌 서부전선 28사단 포병사령부(동두천 서쪽 신산리) 군목으로 부임하였다. 아내와 나는 신혼생활을 전방의 한 시골 마을 셋방에서 시작해야 했다. 초라하고 가난했던 신혼생활이었지만, 우리는 많이 행복했다.

1년 반을 학도유격대 통신장교로 나라를 지켰지만, 그것은 군번이 없는 비정규군이었기에 나는 국방 의무를 다시 해야 했다. 1953년 7월 휴전 이후 내가 속했던 학도유격대는 모두 현역으로 전역되었으나, 나는 이미 제대하고 신학생이 된 때였다. 그래서 나는 아무런 혜택도 받지 못했다. 그러나 나는 후일 국가가 제정한 '호국 영웅'이 되었다.

'전후'(戰後)의 대한민국 '군대'(軍隊)는 조직, 운영, 사기에서 그 '질'(質)이 밑바닥이었다. 고위 장교들의 부정부패, 일반 장교들의 권위주의는

| Miss Stockton 교수

사병들을 노예로 취급하고, 분위기는 살벌하기까지 했다. 내가 속했던 학도유격부대만큼의 '인간성', '인간미'도 없는 절대계급 사회였다.

특히 내가 속한 28사단은 당시 '작은 히틀러'(Little Hitler)로 알려진 서정철 준장(one star)이 권위적으로 조성한 공포분위기 때문에 군종활동은 많이 위축되어 있었다. 이때 유일한 돌출구는 기독교 장교와 가족 그리고 사병들이 함께하는 '군인교회'였다. 예배와 친교, 그것으로 족했던 군인교회! 그것은 마치 군대 안의 '도피성'이었다.

그때도 Miss Stockton 교수님은 전방까지 찾아오셔서 우리를 격려하시고, 아내에게는 선물과 잡비를 주곤 하셨다. 그리고 그때도 나를 향해서는 "너는 기독교교육을 공부해서 한국교회를 준비해야 한다"라는 말씀을 빼놓지 않으셨다.

그리고 처음 아들, 원형이가 태어났다. 원형이의 출생은 누구보다 충남 삽교에서 피난살이를 하시는 부모님에게 큰 기쁨이 되었다. 10년 떠돌이 생활 속에 찾아온 장손의 출생이었기 때문이었다.

아무런 의미도, 보람도 없는 1년간의 전방 생활은 아내와 원형에게 고통과 시간 낭비라는 결론에 이르렀다. 그리고 동대문 밖 이문동에 셋방 하나를 얻고 이사를 한 후, 아내는 유치원 교사직을 다시 시작했다. 전방에 남은 나는 군종대원들과 합숙하면서 서서히 유학 준비에 들어갔다.

그러던 어느 날 작은 히틀러, 서정철 준장이 700여 장병들 앞에 서 있는 대대장 J 중령을 향해 온갖 폭언을 퍼붓자, J 중령은 권총으로 서 준장을 저격하고, 서 준장은 그 자리에서 즉사했다. 이때 28사단은 한 순간에 유명해졌다. 이 비극적 사건은 당시 군대문화의 한 단면을 노출한 비극적 장면이었다.

나는 군인교회 뒷방 한 구석방에서 거의 1년여를 '영어'와 '한국사'(당시 문교부의 유학시험 필수과목)에 몰두하였다. 그리고 1959년 문교부가 실시하는 국가시험을 1차에 합격하였다. 당시 700명이 응시했으나 40명만이 합격한 것이다. 이제 나는 유학을 갈 수 있는 자격을 얻은 것이다.

그리고 나는 용산에 있는 미 대사관 문화원에서 신학대학원이 있는 미국 대학교의 주소를 추적했다. 그때 무작위로 뽑은 대학이 40여 대학이었다. 그 당시 감리교회에는 Crusade Scholarship이라는 장학제도가 있었으나, 나 같은 졸자에게 이 장학금은 별세계의 것이었다. 나는 일찍이 포기하고 내 힘으로 유학의 길을 찾아 나섰다.

나는 40여 미국 대학에 수기로 쓴 편지를 보냈다. 간단한 자기소개와 함께 장학금과 입학 허가를 요청하는 편지였다. 그리고 한 달 뒤 회신이 오기 시작했다. 대부분은 '장학금'이 없어서 미안하다는 회신이었다. 그중 텍사스주 달라스의 서던메소디스트대학교(Southern Methodist University)만이 '반 장학금'을 줄 수 있다는 회신이 왔다.

낙심하고 있던 어느 날, 긴 편지 하나가 날아왔다. 듀크대학교의 Dean, Robert E. Cushman으로부터 온 편지였다. 편지 내용은 대략 다음과 같았다. "나는 네 배짱이 마음에 들었다(입학원서도, 성적증명도 보내지 않은 상태에서 장학금부터 요청한 데 대한). 전액 장학금을 줄 수 있으니 속히 입학원서, 성적증명서, 추천서를 보내라"라는 내용이었다.

나는 곧바로 수속에 들어갔다. 입학원서, 성적증명서, 졸업증명서 그리고 추천서를 묶어서 나의 경력과 함께 보냈다. 그리고 두 달이 흘렀다.

초조히 기다리던 어느 날 두꺼운 편지 하나가 날아왔다. 발신인은 Dean Robert E. Cushman이었으며 그 안에는 '입학 허가서'(I - 20), '전액 장학증서' 그리고 Dean 자신이 서명한 재정보증서(Affidavit of Support)가 들어 있었다.

편지를 읽는 순간 나는 기절하는 줄 알았다. 옆에 있던 아내는 환호성을 올렸다. 미국 대학에 대해 무식했던 나는 솔직히 듀크대학교가 어떤 대학교인지, 신학교가 어떤 수준의 신학대학원인지의 사전지식은 하나도 없었다. 그저 미국 유학이면 되는 때였다. 그러나 입학 허가를 받고 난 후 듀크는 상당한 수준의 대학임을 알게 되었다.

이 소식은 누구보다 시골에 계시는 아버지와 어머니, 장인어른 김봉경 목사님, Miss Stockton 선생님 그리고 감신의 홍현설 교장님과 김용옥 교수님에게 큰 기쁨이 되었다.

1960년 초 나는 군으로부터 제대하는 수속에 들어갔다. 당시 제대는 유학의 경우에만 허락이 되고, 제대까지는 6개월이 소요되었다.

제대를 6개월 앞둔 상황에서 중요한 일이 있었다. 1958년 준히틀러 서정철이 저격된 후, 28사단은 미1군 산하로부터 쫓겨나, 당시 악명이 높았던 또 다른 히틀러 백인엽 중장이 이끄는 제00 군단 예하로 추방되었다.

삶, 여정, 이끄심

그때 나는 28사단 82연대 군목으로 포천 지역에서 근무하고 있었다. 이때 젠틀맨으로 알려진 K 대령이 연대장으로 취임하면서 82연대는 새로운 분위기를 맞이하고 있었다. 그러나 한 달 후에 있을 백인엽 중장의 검열을 앞두고, 연대본부는 초긴장에 휩싸였다. 군 장비들을 진열하는 야전 테이블이 없어서, 검열에서 실격될지도 모르는 위기에 놓였다.

이때 K 연대장이 전화를 주셨다. 한탄강 상류에서 포격 연습을 하는 미군 포병부대가 훈련이 끝나면 모두 소각해 버리는 빈 포탄 상자를 얻을 수 있는 방법을 물으셨다. 나는 그때 근방 미군 부대 군목들과 교류를 맺고 있었다.

어느 날 나는 연대장 지프를 타고 한탄강 북쪽 사격장으로 갔다. 미군 보초가 나의 십자가 표식을 본 후 포대 중대장에게로 안내하였다. "Good afternoon, Captain!" 내가 먼저 인사를 건넸다. 이때 "Chaplain, what can I do for you?"로 응답이 왔다. "교회 마루를 깔기 위해 빈 포탄 상자를 줄 수 있는가?"라고 물었다. 이때 "No problem"이라고 응답한 포병 대위는 그 자리에서 트럭 5대를 차출해 산더미처럼 쌓아 둔 미송나무 빈 상자를 모두 싣고 내 군종실이 있는 교회당으로 가져다주었다.

그리고 나는 연대장에게 필요한 만큼 상자를 가져가시라고 했다. 트럭 둘이 와서 가득히 싣고 갔다. 그리고 그해 82연대는 군단장이 수여하는 최우수상을 받았다. 나머지 상자는 군인교회와 인근 교회 마루로 사용되었다.

제대하기 전, 나는 군목으로서 부대와 교회를 위해 아주 작은 공헌을 남길 수 있었다.

1960년 봄 유학 수속이 진행되는 동안 당시 이태원교회 담임목사이셨던 채인식 목사님이 아내를 교회 유치원 교사와 유치원 운영 그리고 교회 반주자로 위촉하셨다. 내가 유학을 떠난 후 아내와 아이들의 생활을 위한 채 목사님의 따뜻한 배려였다. 그래서 우리는 이태원 셋방으로 이사하였다. 그리고 4월 말 만딸, 원예가 태어났다.

채인식 목사! 그는 평남 진남포에서 홀로 피난 나온 피난민, 충남 서산에서 고학으로 고등학교를 졸업하고, 감신을 마친 뒤 마포교회를 거쳐 이태원교회를 담임하고 있는 삼총사 선배 목사님이셨다. 말씀 앞에서 한평생 신실한 목회자, 좌로나 우로 치우치지 않고 정도만을 걸어온 목회자 중의 목회자이다.

이제 모든 수속과 준비는 끝나고 유학길에 오르기 직전이었다. 그러나 나에게는 막상 미국행 비행기 표를 살 돈이 없었다. 반값으로 갈

| 출국 직전(김포비행장)

삶, 여정, 이끄심

수 있는 배편을 알아보고 있을 때, 이를 눈치챈 Miss Stockton 선생님이 미화 300달러를 현금으로 내놓으셨다. 당시 10달러면 4인 가족의 한 달 생활비였다. 이 돈은 선생님의 전 재산이었는지도 모른다. 나는 눈물로 이 돈을 받았다. 그리고 비행기 표를 구입했다.

1960년 7월 나는 가족(아내, 원형, 원예)을 남겨둔 채, 언제 돌아올지 모르는 유학길에 올랐다. 비행장에서 홍현설 교장님 내외분을 비롯하여 아버님, 장인어른 그리고 친구들의 따뜻한 배웅을 받았다.

6
막

아메리칸 드림

1960~1968

15장

듀크대학교 신학대학원

1960~1962

　낯선 땅 미국을 향해 떠나는 내 마음은 두 가지 생각에 사로잡혀 있었다. 하나는 아내와 어린 자식 둘을 남겨두고 홀로 떠나는 괴로운 마음이고, 다른 하나는 미지의 세계에서 직면할 새로운 운명과 싸워야 하는 불안감이었다. 이 둘이 한순간 나를 두려움과 고독으로 몰아갔다.

　그러자 비행기는 이륙하고 창밖으로 내다보이는 서울을 보는 순간, 그토록 '한(恨)도 많고 눈물도 많았던 저주받은 이 땅을 벗어나는 해방감 같은 것이 나를 감싸고 있었다. 다시는 돌아오고 싶지 않은 땅이었다.

　그리고 일본 동경에서 하루를 체류하는 일정에 따라 동경을 한 바퀴 돌았으나, 우리를 그토록 괴롭힌 민족이라는 감정 때문에 관광은 무의미했다.

　하와이를 거쳐 10여 시간의 긴 비행이 끝날 무렵, 멀리 금문교

(Golden Gate Bridge)가 눈에 들어왔다. 그리고 샌프란시스코공항에 내리는 순간, 나는 지상낙원에 입성하는 기분이었다.

도시의 아름다움과 도시가 뿜어내는 분위기는 전쟁과 죽음의 폐허에서 겨우 빠져나온 나를 압도하고 있었다. 지상낙원이 바로 이곳이었다.

공항에는 Miss Stockton 선생님이 미리 연락해 둔 Schaffer 가족이 나를 따뜻이 맞아주었다. 그리고 San Mateo 집으로 나를 안내하였다. 부유한 집은 아니었으나 따뜻한 신앙의 가정이었던 Schaffer 가족은 나를 귀한 손님으로 대접해 주었다.

특별히 Mrs. Schaffer는 따뜻한 안주인(hostess)이었으며, 둘째 아들(잘생긴 청소년, 후일 의사가 됨)이 나를 많이 따랐다. 한 주일 후 집을 떠날 때 내 짐을 유심히 살피던 Mrs. Schaffer는 큰아들의 동복 하나를 내 짐 속에 넣어 주셨다.

| 미국 san mateo schaffer의 집

삶, 여정, 이끄심

그리고 나는 학교로 향하기 전 캘리포니아 주 북쪽 타호 호수(Lake Tahoe)에서 열리는 감리교 청소년 캠프를 참관하기 위해 누군가의 차를 타고 5시간을 달렸다.

산속의 캠프는 캘리포니아 전역에서 모여든 남녀 고등학생들로 들 끓었고, '발랄함, 풍요함, 자유함'을 마음껏 즐기는 미국청소년들을 보면서 나는 말로 표현하기 어려운 문화충격(cultural shock)에 빠져들었다.

'팍스 아메리카나'(Pax Americana)의 청소년들! 지구 저편 아직 배고픔에서조차 헤어나지 못하고 허덕이는 한국의 청소년들! 하나는 천당에, 다른 하나는 지옥에 살고 있었다. 이렇게 극명하게 상반되는 두 세계의 젊은이들을 향하신 하나님의 뜻은 무엇일까? 나는 이 질문 때문에 절규하고 있었다. 그러나 두 주간의 캠프 경험은 미국과 미국의 청소년 문화를 조금은 이해하는 시점이 되었다.

캠프가 끝나고 나는 오클랜드(Oakland)의 Menker family 댁에

| Menker 부부

서 일주일을 보냈다(이것도 Miss Stockton이 미리 주선한 것이었다). Mr. Menker는 샌프란시스코 철도국장을 역임한 신사였으며, Mrs. Menker는 그 당시 Pacific School of Religion(P. S. R.)의 이사였다. 후일 Menker family는 나의 박사과정의 따뜻한 후원 가족이 되었다.

그리고 Miss Stockton 선생님이 샌프란시스코에 오셨다. 왜 오셨는지는 지금도 알지 못한다. 그러나 그가 그토록 아끼는 제자를 외톨이로 보내고 난 후에 온 불안감 때문이었던 것 같았다.

선생님은 친구 하나를 대동하고 나와 함께 하루를 지내셨다. 레드우드(Red Wood) 공원, 금문교(Golden Gate Bridge) 그리고 바닷가 부두에서 식사를 나누면서 나를 즐겁게 해 주셨다.

캘리포니아에서의 일정을 마친 나는 9월 초 Dean Cushman이 보내주신 기차표로 샌프란시스코에서 기차를 타고 미국 대륙을 횡단했다.

기차가 유타주 솔트레이크시에서 두 시간 머무는 동안, 나는 그토록 소문난 '몰몬'(Mormon)교 본부와 교회 음악당의 파이프 오르간을 감상하기도 했다. 그리고 시카고까지는 3일이 걸렸다. 그리고 시카고에서 더럼, 노스캐롤라이나주까지는 2, 3일이 더 걸렸다. 10여 일을 기차에서 먹고 자고 한 셈이다.

그리고 1960년 9월 초 어느 날 나는 밤늦게 듀크대학교 대학원 기숙사(MGC: Men's Graduate Center)에 도착했다. 그리고 방 배정을 받고 짐을 풀었다.

생전 처음 해보는 긴긴 해외여행, 문화충격 그리고 미국 대륙의 광활함은 한국 촌놈의 얼을 다 빼놓고 말았다. 그리고 잠이 들기 전, 갑

삶, 여정, 이끄심

자기 가족을 향한 그리움이 엄습해왔다.

그다음 날 아침 나는 대학원 기숙사, MGC를 나섰다. 그러나 방대한 캠퍼스 숲속에서 신학대학원(Divinity School)을 찾을 수가 없었다. 듀크대학교와 듀크 예배실은 그 웅장함과 고풍적 분위기로 유명한 학교다. 나는 물어물어 30분 만에야 신학교를 찾았다. 그리고 Dean Cushman, 학장실을 노크했다. 가슴은 떨리고, 짧은 영어 때문에 불안은 더욱 가중되었다. 그리고 한국식으로 정중히 인사를 드렸다.

이때 "Mr. 언!('은' 발음이 잘 되지 않아) I am pleased to meet you. Welcome to Duke!"라는 말로 Dean Cushman께서 환영해 주셨다. 그다음 나는 무슨 말로 대답했는지 기억이 나지 않는다.

Dean Robert Cushman! 그는 당시 46살의 젊은 학장이었으며, 조직신학자로서 널리 알려진 학자였다. 1962년 로마가톨릭 교황이 주최한 제2 바티칸공의회에 개신교 옵저버로 초청될 정도의 큰 리더(Leader)였다.

1960년 9월 중순 어느 날 신학대학원 첫 학기 개강예배는 교수 전원(약 20여 명)과 신학생(전원 250여 명)이 참석한 가운데 장엄하게 진행되었다. 거기에는 일본 유학생 하나와 나만이 외국 유학생이었다.

영어로 드리는 처음 예배! 다 알아듣지는 못했으나 분위기는 엄숙하고 감동적이었다. 나는 이제 듀크대학교의 한 일원이 된 것이다. 이 변신은 큰 축복이었다.

그리고 나는 처음 수업에 들어갔다. 기독교교육 수업이었다. 여학생이 10여 명, 남학생은 나를 포함하여 5명 정도였다. 그런데 '과목명'이 나를 충격에 빠뜨렸다. "Holy Spirit and Christian Education"(성

| Dr. M. Richey

령과 기독교교육)! 생전 처음 들어보는 강의 제목이었다.

강의 교수는 Dr. M. Richey, 그는 성령의 역사와 기독교교육과의 관계를 역사적으로, 신학적으로 풀어갔다. 이때 나는 기절할 뻔했다.

Miss. Stockton 선생님의 강요(?) 아닌 설득 때문에 그리고 사랑의 빚을 갚기 위해 기독교교육을 전공한다고 약속은 했었지만, 내심 나는 '교회사'에 계속 마음을 두고 있었다. 그러나 첫 수업은 기독교교육에 대한 나의 모든 선입견을 한순간에 날려 보냈다. 기독교교육, 해볼 만한 학문이라는 확신이 들면서 나는 잃었던 길을 찾은 듯이 기뻤다.

1960년 가을 학기는 말 그대로 죽음의 연속이었다. 매일 하루 3시간만 잠을 자고, 공부에 집중하면서 다섯 과목을 소화해 내야 했다. 아침이면 아침마다 코피가 쏟아지고, 강의와 강의 사이에 휴게실 한 구석에 숨어서 낮잠을 청하면서 다섯 과목을 마쳐야 했다.

그 많은 읽기 자료(reading), 리포트(report), 퀴즈(quiz), 그리고 학기

삶, 여정, 이끄심

말 페이퍼는 말 그대로 지옥훈련이었다. 영어가 부족하고, 미국 시스템에 익숙하지 않은 나에게는 죽음의 한 학기였다. 가끔은 가족을 잊을 정도로….

이때 나에게 힘을 준 두 분이 계셨다. 한 분은 한 학기 동안 나의 룸메이트였던 김태경 교수님(후일 서강대 생화학 교수)이었다. 그리고 다른 한 분은 교환교수로 한 학기 방문 중인 김준민 교수님(서울대 생물학)이셨다.

한때 탁구 챔피언이셨던 김준민 교수님은 저녁 식사 후 30분을 할애하셔서 나에게 탁구의 원리부터 가르쳐 주셨다. 그때부터 내 탁구 실력이 조금 향상되었다.

그러나 가장 즐거운 시간은 매주 토요일이었다. 주말이면 모두 집으로, 데이트로 떠난 미국 친구들 때문에 기숙사는 한순간 빈 공간으로 변하곤 하였다.

그래서 토요일이면 나는 아침 11시까지 잠을 잤다. 한 주간 밀린 잠 그리고 스트레스를 푸는 유일한 시간이었다. 그리고 브런치(조반과 점심을 겸한)를 먹는다. 그리고 아내를 향해 편지를 쓴다(유일한 communication의 수단). 그리고 한 주일 전에 써서 보내준 아내의 편지는 한 주간의 새 활력소가 되곤 하였다.

그리고 주일 아침 나는 홀로 캠퍼스를 걸어 세계적으로 유명한 듀크 예배실에서 예배를 드렸다. 웅장한 파이프 오르간 소리, 성가대의 합창 그리고 목사님들의 설교는 지치고 외로운 내 영혼을 감싸주고, 거기서 하나님의 평화를 경험했다. 그리고 나는 하나님 앞에 한없는 감사의 눈물을 흘리곤 하였다.

| 듀크대학교 채플

| 듀크대학교 채플 내부

삶, 여정, 이끄심

1961년 1월 말, 한 학기가 지나고 새 학기가 시작되었다. 그런데 학장실 문 앞에는 미국 신학생들이 웅성거리며 무언가에 집중하고 있었다. 거기에는 Dean's list라는 종이 한 장이 붙어 있었다. Dean's list가 무엇인지 모르는 나는 그 종이 맨 끝에 Joon Kwan Un이 붙어 있는 것을 보고, 옆에 있는 신학생에게 이것이 무엇이냐고 물었다.

그때 그 친구가 하는 말, A- 이상의 학생에게 주는 우등생 명단이라 했다. 그리고 나에게 축하를 보내왔다. 그때 나는 나 자신에게 놀랐다. 내가 첫 학기에 우등생이 된 것이다. Dean's list에 이름이 오르고 난 후 나는 갑자기 내 위상이 급격히 상승되었음을 직감하였다. 내가 알지 못하는 교수님들과 신학생들이 내 이름을 먼저 불러주곤 했다.

그러던 어느 날 학장님이 나를 부르셨다. 그리고 내 손을 붙드시고 "Mr. 언, I am very happy for you"라고 하시며 기뻐하셨다. 기대를 걸었던 일본 유학생은 '실격'(flunk)을 하고, 큰 기대를 걸지 않았던 한국 학생(당시 미국의 분위기는 일본 신학교가 한국 신학교보다 우위에 있다는 편견을 가지고 있었다)이 Dean's list에 올라온 것에 대한 놀라움도 숨어 있었다. 그리고 학장님의 모험이 크게 빗나가지 않았음에 대한 보람 같은 것도 엿보였다.

그리고 Dean은 Th. M. 학위 감독이신 Dr. M. Richey를 부르셨다. 은 목사를 MRE(Master of Religious Education)에서 Th. M. (Master of Theology)으로 학위과정을 옮겨 주자는 제안이었다. Dr. M. Richey도 흔쾌히 동의하셨다. 나는 3년을 월반하는 셈이다. 그때 나는 기독교 교육학을 전공하는 Th. M. 학생이 되었다.

ㅣ MGC 앞에서 웃고 있는 저자

그 후로 나는 모든 것을 기독교 교육에 집중하는 전문성의 길을 걷게 되었다. 특히 Dr. M. Richey와의 집중 세미나(intensive seminar)와 개별 세미나(tutorial seminar)는 기독교교육 사상사를 접하는 중요한 계기가 되었다. 여기서 기독교교육과 내 관심사였던 교회사의 조합이 자연스레 이루어질 수 있었다.

Dr. M. Richey는 유명한 학자는 아니었다. 그러나 전형적인 미국 신사도를 살았던 그리고 따뜻한 마음을 가졌던 학자였다. Dr. M. Richey를 만난 것은 큰 축복이고 또 행운이었다. 그는 미국 기독교교육사의 거장이었던 Dr. Shelton Smith의 제자이고 또 후계자였다.

Dr. Smith는 미국 기독교교육의 흐름을 '자유주의신학'으로부터 '신정통주의신학'으로 돌려놓은 '기독교교육의 예레미야'였다. 그때 Dr. Smith는 90세에 가까운 노학자였음에도 박사과정 세미나를 인도하고 계셨다.

1960년에서 1962년 5월 졸업 때까지 듀크의 생활은 가족을 떠난 외로움과 엄격한 학문성 때문에 고되고 힘든 여정이었지만 듀크의 2년은 나를 신학의 세계로 그리고 학문을 통한 하나님과의 만남으로까지 이끌어 준 소중한 시간이었다. 그래서 나는 듀크를 잊지 못한다.

그러던 어느 날 나는 감신의 홍현설 학장님으로부터 편지를 받

삶, 여정, 이끄심

왔다. 아일랜드 더블린에서 열린 세계기독교교육대회에서 Dean Cushman을 만났다고 하셨다. 그리고 Dean께서 좋은 학생을 보내 주어서 고맙다는 인사와 함께 우등의 소식을 들었다고 하셨다. 그리고 기독교교육을 전공하고 감신 교수로 와 달라는 사전 제안까지 겸하셨다. 이때 홍 학장님의 편지는 큰 용기와 희망을 주는 메시지가 되었다.

그리고 1960~1962년 사이의 듀크 생활은 또 다른 강력한 힘에 의해 지탱되고 있었다. 골즈버러(노스캐롤라이나주)는 듀크에서 두 시간 거리(승용차로)에 있는 남쪽 한 작은 도시였다. 거기에는 세인트폴감리교회(St. Paul Methodist Church, UMC가 되기 이전)라는 역사적 교회가 있었다.

그 교회의 담임목사는 Rev. Leon Couch! 그의 선교철학은 선교사를 보내는 것이 아니라 선교지 지도자를 훈련시키는 데 있었다. 그의

| 듀크 생활

선교철학을 따라 그 교회와 여선교회가 내게 주는 전액 장학금을 학교에 위탁한 것이었다.

장학금의 수혜자가 된 나는 세인트폴감리교회의 선교사가 되고, 특별절기나 방학 때면 나는 교회의 초청을 받아 강연도 하고 또 교제도 나누면서 세인트폴감리교회는 나의 또 하나의 모교회가 되었다.

그중에서도 Mrs. Thelma Johnson은 여선교회 회장으로서 남편 Mr. Johnson과 함께 각별한 사랑과 돌봄을 아끼지 않으셨다. Johnson의 집에는 내가 언제라도 쉴 수 있는 방 하나를 마련해 줄 정도였다. 그래서 나는 그 집을 미국 집이라고 불렀다.

두 부부의 희생적인 사랑은 가족을 떠난 나의 고독과 학문과의 외로운 싸움을 늘 감싸주는 보호막이 되었다. 언어가 다르고 문화가 다름에도 불구하고 그리스도 안에서의 두 분의 사랑은 모든 것을 넘어설 수 있는 힘이 되었다. 그래서 나는 Johnson 내외분을 그리스도 안

| Johnson's home

삶, 여정, 이끄심

에서의 부모님이라고 불렀고, 그들은 나를 그리스도 안에서의 아들이라고 불렀다.

여기서 나는 그리스도의 사랑이 무엇인지를 배우고 있었다. 지금 두 분은 다 하나님의 부르심을 받았지만, 그들이 남긴 사랑의 유산은 나와 우리 가족 속에 지금도 살아 있다.

그리고 듀크의 아름다움은 2년을 나와 룸메이트를 해준 Dave Jarvis(후일 Richmond, Virgiania의 모교회 Centenary Methodist Church 담임목사)와 한국선교를 꿈꾸던 Jim Calloway의 따뜻한 배려로 더 풍요로울 수 있었다.

1960년에서 1962년의 듀크의 삶은 고독 속의 학문을, 외로움 속의 뜨거운 사랑을 경험하고 살았던 축복의 시간이었다.

1962년 5월 듀크대학교 대강당은 학위를 받는 졸업생들과 가족들로 인산인해를 이루고 있었다. 그중에 Th. M. 학위를 받는 사람은 나 하나뿐이었다. 순서에 따라 내 이름이 호명되고, Dean Cushman이 단에서 내려오셔서 학위증을 주시면서 조용한 소리로 "Congratulations Mr. 언"(여전히 '은'자 발음이 잘되지 않아)이라고 하셨다. 2년 전 모험을 걸었던 한 외국 젊은이를 졸업시키는 감격 같은 것이 그의 얼굴에 비추었다. 나는 조용히 "Thank you so much for everything"이라고 답하였다. 그런데 그것이 Dean과의 마지막 이별이 되고 말았다(그 후 몇 차례의 서신교환은 있었지만). 그리고 졸업식장에는 Mr. and Mrs. Johnson이 함께하고 있었다.

아직도 남아있는 에피소드 하나가 있다. 졸업을 앞둔 며칠 전 나는 작별인사차 Dean Cushman 사무실에 들어갔다. 그때는 이미 캘리

| 졸업식 사진

포니아주 버클리에 있는 Pacific School of Religion(P. S. R.)에 입학
(박사과정)이 되어 있었다. 여기에는 Dean Cushman의 강력한 추천이
있었다(후일에 안 사실이지만).

그런데 Dean께서 P. S. R. 로 가지 말고 듀크에서 Ph. D. 공부를 계
속하면 어떻겠냐는 제안을 하셨다. 그 순간 나는 잠시 정신이 혼미해
졌다. 충격과 유혹을 동시에 받았던 모양이다.

2년의 듀크가 그토록 소중한 시간이었지만, 이제는 떠나고 싶었
다. 나는 정중히 사양하고 사무실을 나섰다. 그러나 사무실을 나오면
서 나는 무한에 가까운 Dean의 사랑을 마음으로 깊이 감사하고 있
었다.

삶, 여정, 이끄심

16장

Parcific School of Religion(Berkeley, Ca.)

1962~1964

1962년 6월 어느 날 나는 2년 동안 눈물과 환희의 삶을 산 듀크대학교를 뒤로 하고, 보스턴 대학원에서 S.T.M 학위를 마치고 듀크에서 1년을 수학한 감신 선배인 계동춘 목사와 함께 버스를 탔다. 계동춘 목사는 내 처남 김관선 목사(당시 육군사관학교 군종실장)와 평양 성화신학교 동기였으며, 매우 사교적인 목사였다.

우리는 미국 감리교 전도국이 주최하는 '하기 신학대학원생 전도 훈련'에 참여하기 위해 몰몬교(Mormon)의 메카(솔트레이크시, 유타)로 향하고 있었다. 솔트레이크시는 2년 전 처음 유학길에 잠시 몰몬교 본부와 음악당을 본 일이 있었기에 낯설지 않았다.

전도 훈련 장소는 도시 언덕 위에 자리 잡은 감리교대학교였다. 이 때 보스턴대학에서 유학 중이던 이계준 목사가 합류하여 트리오(trio)를 이루었다. 오랜만에 만난 우리는 밀린 이야기로 밤을 지새웠다.

10일간의 전도 훈련은 몰몬교의 역사, 그들의 교리 그리고 그들이

사용하는 2인조 전도 방법을 배운 후, 우리도 그들이 쓰는 방법으로 몰몬교도들을 감리교회로 개종시키는 훈련이었다.

전도 훈련 기간 중 어느 주일, 우리는 솔트레이크시의 유일한 감리교회에서 미국 신학생 80여 명과 교인 500여 명이 주일예배를 드렸다. 그때 계동춘, 이계준, 은준관은 한국말로 트리오 특송을 불렀다. 아름다운 하모니였다.

예배가 끝나자 미국인 성가대 지휘자(텍사스대학교 교수)가 우리를 찾아왔다. 어디서 그렇게 아름다운 성가를 배웠느냐고 물었다. 이때 나는 서울 감신 이동일 교수라고 했다.

이동일 교수는 지휘의 천재적인 자질을 가지고 있었으나, 고약한 성질 때문에 사람들의 빈축을 사곤 했다. 그러나 그때 이동일 교수는 텍사스대학교에서 장학금도 없이 석사 공부를 하고 있었다. 나는 지휘자 교수에게 장학금을 부탁했다. 그리고 몇 년 후 이동일 교수께서 시카고 한인교회 목사인 나를 찾아 오셔서, 우리들 덕분에 장학금을 받고 석사학위를 끝내셨다고 하셨다.

솔트레이크시의 10일 전도 훈련이 끝나고 나는 미네소타주 세인트폴의 한 대형 교회로, 이계준 목사와 계동춘 목사는 로스앤젤레스로 파송되어 헤어졌다.

미네소타에서의 한 달, 도시 주변을 맴돌며, 싸움질하고, 슬쩍슬쩍 도적질을 일삼는 길거리 청소년 16명 틈에 들어가 듀크에서 연마한 탁구 실력으로 그들과 대화를 열 수 있었다. 그리고 16명의 길거리 청소년을 세인트폴 교회로 인도했다. 놀란 세인트폴 교회 교인들(주로 백인)은 길거리 청소년 16명(대부분 라틴아메리카인 청소년들)을 따뜻하게 품

　　　　　　　　　　　　　　삶, 여정, 이끄심

어 주었다.

이때 세인트폴 교회 담임목사와 그 연회 감독이 나를 그 연회 안의 한 교회 담임목사로 청빙하고 싶다고 했다. 그러나 나는 정중히 사양하고 1962년 8월 하순 다시 기차를 타고 버클리로 향하였다.

2년 전 처음 미국 땅을 밟았던 샌프란시스코를 다시 보는 순간, 고향에 한 걸음 가까이 왔다는 느낌이 나를 흥분시켰다. 그리고 금문교 (Golden Gate Bridge) 넘어 바다 멀리에 있는 고향, 거기에는 아내와 원형 그리고 원예가 있다는 생각만으로도 흥분은 더욱 더해졌다.

캘리포니아, 버클리! 작은 도시이지만, 스튜던트 파워(student power)로 유명한 교육도시, 거기에는 세계적인 주립대학교, 캘리포니아대학교 본부가 있었다.

그리고 내가 공부할 Pacific School of Religion(P. S. R.)은 미국 서부의 가장 오래된 그리고 최고의 학문성을 자랑하는 초교파 신학교

| P. S. R. 캠퍼스

였다. 나는 이곳에서 기독교교육의 특수 분야 'Religion in Higher Education'을 전공하기 위해 온 것이다. 학교의 배려로 나는 기숙사 독방 하나를 배정받고 짐을 풀었다.

가을학기가 시작되기 전, 로스앤젤레스에서 훈련을 마친 이계준 목사가 찾아왔다. 트리오 형제 친구, 오랜만에 만난 우리는 긴긴 이야기로 밤을 지새웠다. 그리고 이 목사는 보스턴으로 떠났다.

새 학기가 시작하기 전 나는 주임 교수님, Dr.Charles McCoy 방을 노크했다. 문밖까지 나오셔서 나를 영접해 주셨다. "제가 은준관입니다"라고 인사를 드렸다. 이때 선생님은 "I am so delighted to meet you"라는 말로 나를 환영해 주셨다. 그러면서 "듀크의 Dean Cushman이 그토록 칭찬한 너를 만나 기쁘다"라고 하셨다.

Dr. McCoy는 듀크신학교에서 B. D. 학위(지금의 M. Div.)를 마치고, 예일 대학 H. Richard Niebuhr 밑에서 기독교 사회윤리를 전공한 사회 윤리학자이셨다. 그러나 당시 그는 Religion in Higher Education의 권위자였다.

듀크와는 사뭇 다른 분위기의 P. S. R. ! 작지만 역동적인 이 에큐메니칼 공동체를 사랑하기 시작했다. 복음과 역사를 절묘하게 엮어가는 커리큘럼과 학풍은 감신이나 듀크에서 경험해 보지 못한 특유한 분위기였으며, 그것은 나에게 새로운 도전이었다. 그리고 단일 신학대학원이기에 풍기는 '가족적' 분위기는 오랜만에 나를 따뜻이 감싸주고 있었다.

나는 학교의 배려로 기숙사의 작은 독방 하나를 배정받았다. 2년 만의 독방! 이제는 마음대로 자고, 마음대로 일어나고, 마음대로 공부

삶, 여정, 이끄심

할 수 있는 나만의 공간! 2년 동안 가족을 떠나 고독을 살아오는 나에게 이 독방은 너무도 소중한 보금자리였다.

1962년 가을, 나는 새로운 분위기에서 박사학위 공부를 시작했다. 그때 내 나이 29, 나만이 박사과정에 있는 외국 학생이었다. 주임교수인 Dr. McCoy는 나에게 전공 이외에 다양한 신학 분야와도 씨름하도록 배려해 주셨다. 그래서 나는 네 학기 연속 '바르트 세미나'(Barth Seminar)에 참여하였다. 본의 아니게 조직신학이 나의 부전공이 된 셈이다.

바르트 세미나 지도교수는 Dr. Durwood Foster, 그는 듀크대학교의 조직신학 교수였다가 이곳으로 초빙되어 온 Tillichian(폴 틸리히의 제자, 유니온신학교)이었다. Tillichian이 왜 바르트 세미나를 개설했는지는 지금도 모른다. 다만 4학기 동안 바르트와 씨름하는 동안 교수님도 변하고 있었다.

바르트 세미나는 나에게 신학의 구조를 그려주고 동시에 학원 선교를 성찰할 수 있는 신학적 근거를 마련해 주었다. 그리고 박사학위 논문으로 이어지는 계기가 되었다.

학위 논문은 "The Christian Community as Mission: Event in the Theology of Karl Barth"였다. 그래서 나는 기독교교육학과 조직신학 사이를 왕래하기도 한다.

1962년 가을, P. S. R. 의 첫 학기는 매우 성공적이었다. 박사과정 수업은 한 단계 높은 신학적 사고와 토론을 요구하는 세미나로 진행되고, 버클리의 아름다운 날씨는 서부 생활의 풍요로움을 더해 주었다. 그리고 학교 이사셨던 Mrs. Menker의 재정적, 정신적 지원은 3

년째 미국 생활을 떠받쳐주었다.

그리고 나는 주일이면 버클리에 사시는 교포 부부와 함께 강 건너 샌프란시스코에 자리한 한인감리교회에서 한국어로 예배를 드리곤 하였다. 담임목사님은 송정률 목사님, 부산 피난시절 감신 교수, 감리교 본부 교육국 총무 그리고 동대문교회 담임목사를 역임하신 내 선생님이셨다. 1957년 결혼식 때 사모님과 함께 참석해 주셨던 은사이시기도 했다.

교인은 약 150명, 대부분 유학을 마친 교민들이었다. 그리고 이 교회는 오랜 기간 조선독립운동 미주 서부 지역 중심이었다. 교인들의 사랑도 따뜻했지만, 목사님 내외분의 특별한 사랑과 배려는 큰 위로와 힘이 되었다. 가끔씩 싸 주시는 김치는 P. S. R. 기숙사 냉장고의 명품(?)이 되곤 하였다.

그리고 한 학기가 끝난 어느 날 나는 갑자기 헤어 나오지 못할 만큼의 심한 고향병(homesick)에 걸렸다. 가족을 떠난 지 2년 반, 더 이상 미국 생활을 버틸 수 없는 처절한 고독과 외로움에 빠져들었다. 모름지기 한국 사람들을 만나면서 그리움이 더 발작했는지도 모른다.

'잠시 수업을 멈추고 집으로 돌아가자! 1년만 귀국했다가 다시 돌아와 공부를 마치자.' 이렇게 결심한 나는 주임교수님을 찾아뵈었다. "선생님, 저 1년만 귀국했다가 다시 오겠습니다." 느닷없이 내뱉은 내 말에 깜짝 놀란 선생님은 "한 학기 만에 집으로 돌아간다고?"라고 물으셨다. "선생님, P. S. R.에서는 한 학기지만 듀크의 2년을 합치면 2년 반을 가족과 헤어져 살았습니다. 꼭 1년만 갔다가 돌아오겠습니다."

이때 선생님은 잠시 숨을 고르시더니 말씀을 이어 가셨다. "은 목사, 가족을 미국으로 데려오는 방법은 어떤가?" "네? … 제게 무슨 돈이 있어서요." "우선 Mrs. Un의 여비는 얼마인가?" "700달러 정도 될 겁니다." "알았네. 한두 달만 기다려 주게."

그 후 선생님은 자기 친구들에게 여러 장의 편지를 띄우셨다. 그리고 한 달이 지났다. 그동안 나는 모든 것을 잊고 공부에 전념하고 있었다. 그러던 어느 날 선생님은 기숙사를 찾아오셨다. "Joon! 기쁜 소식일세. Mrs. Un의 여비 1400달러를 만들었네. 그다음은 무엇인가?"

그 순간 나는 말을 잃고 있었다. 감사와 미안함이 교차하는 묘한 감정 때문에 한참을 머뭇거렸다. 눈치를 채신 선생님은 "이제 내가 무엇을 해야 하는가?" "네, P. S. R.의 청강생(special student)으로 초청하는 길인 듯합니다." 나의 수줍은 대답이었다.

선생님은 즉시 총장, Dr. Anderson을 만나 모든 상황을 설명하고 총장 명의의 초청장과 재정보증서 그리고 여비 사본을 만드셨다. 그

| 미국에 도착한 아내와 함께(P. S. R.)

리고 모든 서류를 나에게 주시면서 "Good luck!" 한마디 하셨다.

　이 소식을 접한 아내는 곧바로 수속에 들어가고 여권과 비자를 받기까지는 2, 3개월이 걸렸다. 당시 한국 상황으로서는 수월하게 진행된 수속이었다. 원형이와 원예는 하는 수 없이 삽교에 계시는 할아버지와 할머니 손에 맡길 수밖에 없었다.

　그리고 1963년 3월 10일, 아내가 샌프란시스코공항에 도착했다. 나는 차가 없었기 때문에 송정률 목사님께서 나와 함께 아내를 영접해 주셨다. 그리고 목사관에는 사모님께서 우리를 위해 저녁 식사를 준비해 주셨다. 그리고 우리를 P. S. R. 아파트까지 데려다주셨다.

　3년 만의 만남! 얼굴마저 잊어버릴 뻔했던 긴 이별이 끝나는 재회! 그것은 우리의 제2의 허니문이었다. 그리고 이어진 P. S. R .의 생활은 더 아름답고 풍요로웠다. 이때 Dr. McCoy께서 더 기뻐하셨다. 그리고 1년 뒤 우리집의 셋째, 원주가 태어났다.

| 아내, 원주, 저자

삶, 여정, 이끄심

그리고 1964년 5월 나는 박사과정에 필요한 모든 학점을 끝내고 이제 종합시험(comprehensive exam)을 치러야 했다. 다섯 주제를 4시간씩 치르는(총 20시간) 종합시험은 논문을 쓸 수 있는 자격을 부여받는 마지막 관문이었다. 나는 종합시험을 모두 통과하고 학위 논문만을 남겨 두게 되었다.

P. S. R.의 2년은 역동적인 삶의 한 드라마였다. 듀크의 2년, P. S. R.의 2년은 아메리칸 드림(American Dream)을 실현하는 신학의 르네상스였다.

17장

시카고한인감리교회

1964~1968

듀크에서 2년, P. S. R.에서 2년, 고되고 힘들었던 학문적 여정이었지만 종합시험까지 통과하면서 큰 능선을 넘어선 나는 오랜만에 찾아온 여유를 즐기고 있었다.

이제는 학위 논문만을 남겨 두었다. 여기에는 아내의 내조가 결정적이었다. 이제 논문을 끝내고 학위를 받으면 감리교신학대학 교수로 부임하게 되어 있었다. 여기에는 김용옥 교수님의 공로가 숨어 있었다.

그러던 어느 날 등기 편지 하나가 날아왔다. 발신지는 시카고에 있는 감리교 연회, Rock River Conference이고, 발신인은 Bishop Pryor 감독이셨다. 전혀 인연이 없었던 낯선 연회이고 또 감독님이었다.

편지를 여는 순간 나는 두 가지에 놀라고 말았다. 하나는 듀크의 Dean Cushman의 추천으로 편지를 쓴다는 내용이고, 다른 하나는 연회 안에 있는 시카고한인감리교회와 학생관(Student Center)의 담임

삶, 여정, 이끄심

목사로 초빙한다는 내용이었다. 이미 학교를 떠난 제자를 잊지 않으시고 기억하고 계시는 Dean Cushman의 사랑에 대한 감격은 눈물로까지 이어지고 있었다. 그리고 Pryor 감독님의 정중한 초청은 나와 아내를 흥분시켰다.

그러나 긴긴 대화와 고민 끝에 나는 며칠 후 감독님에게 정중한 언어로 초청에 감사를 드리고 그리고 한국으로 돌아가야 하는 약속 때문에 초빙에 응할 수 없다는 회신을 보냈다.

그런데 두 번째 편지가 왔다. 몇 가지 좋은 조건을 달고 다시 초청하는 편지였다. 이번에는 아내와 얼굴을 맞대고 이 문제를 놓고 보다 깊은 대화를 나눴다. 나는 1, 2년 안에 학위를 끝내고 감신으로 돌아가 가르쳐야 한다는 일념을 굽히지 않았다. 그러나 아내는 맞서는 대신, 설득으로 나의 약한 부분을 파고들었다.

"3년 동안 남편 없이 셋방 이사를 다섯 번 한 이야기, 귀국한 후 당장 어디서 살며, 2,000여 권이 넘는 이 책들은 다 어디에 두느냐" 등등 내가 그동안 예상하지 못한 '집 없음의 한'을 들고 나왔다. 그리고 군목 3년 경험밖에 없는 목회초년생이 어떻게 신학생들을 가르칠 수 있는가도 물었다. 나의 약점을 파고드는 하와의 설득은 조금씩 아담의 고집을 흔들어 놓았다.

그다음 날 나는 주임교수이신 Dr. McCoy 선생님을 찾아뵈었다. 그리고 모든 상황을 말씀 드렸다. 선생님은 한마디로 시카고 행을 만류하셨다. "지금 목회로 나가면 학위는 절대로 끝내지 못한다"라는 것이 선생님의 지론이었다.

아파트로 돌아온 나는 아내에게 통보하고 시카고에는 또다시 정중한 언어로 사양의 편지를 띄웠다. 그리고 나는 논문 작성에 모든 것을 집중하기로 결심하고 준비에 들어갔다.

그리고 두 주가 흘렀다. 그런데 세 번째 편지가 날아왔다. 이번에는 한국에 있는 애들 둘을 미국으로, 그것도 이민으로 데려오는 모든 수속과 여비까지 책임을 진다는 내용이었다.

이 편지는 아내의 넋을 잃게 만들었다. 아이 둘을 떼어놓고 온 엄마의 아픔이 폭발하는 순간이었다. 그리고 나도 더 이상 이 매력 있는 '선악과'를 물리칠 수가 없었다.

그다음 날 나는 선생님을 다시 찾았다. 그러나 선생님은 특강 때문에 독일에 가셨다. 선생님의 허락을 받지 못하고 나는 시카고 한인교회 목사직을 수락하는 편지를 띄웠다. 그리고 귀국하신 선생님을 뵙고 모든 사연을 말씀드렸다.

이때 선생님은 다정한 음성으로 "은 목사, 한 가지를 약속하게. 2년 안에 학위논문이 끝나지 않으면 무조건 학교로 돌아오게. 그때 장학금은 내가 책임을 질 테니…" 이 같은 사랑을 기독교에서는 무어라 하던가?

서둘러 모든 것을 정리하고 1964년 10월 7일, 나와 아내 그리고 한 살배기 원주는 시카고 공항에 도착하였다. 공항에는 10여분의 교인들이 나와 우리를 영접해 주었다. 그리고 시카고 시 다운타운 가까이에 있는 교회(22 Erie Street, 지하실 포함 4층 빌딩)로 안내되었다. 목사관은 건물 2층에 있었다.

첫날밤을 시카고에서 보내고 아침이 되었다. 그러나 마음에 드는 분위기는 아니었다. 시카고 변두리 공장에서 날아온 검은 석탄먼지가 창문 안으로 수북하게 쌓여 있는 것에서 시작하여 우중충한 건물 그리고 어둡고 침침한 주변거리까지 버클리와는 너무도 다른 분위기였다.

거기에다 50년의 역사를 가진 시카고 모교회인 이 교회는 몇 달 전 5분의 4에 해당하는 교인, 70여 명이 교회를 이탈하여 장로교회를 세우면서 큰 상처를 받은 직후였다. 남은 교인은 16명 정도였다. 목회 경험이 없었던 나는 이 상황에서 당황할 수밖에 없었다. 그때 내 나이 31살이었다.

1964년 10월 둘째 주일, 나는 부임을 겸하여 주일예배를 인도했다. 예배 인원은 20여 명. 그리고 분위기는 어둡고 무거웠다. 이어 친교실에서 점심을 함께 했다. 이때 교인 한 사람 한 사람과 인사를 나눴다. 의사, 변호사, 직장인, 간호사, 유학생들이 이 교회의 구성원들이었다.

그러나 그때 나는 어디서 어떻게 무엇을 시작해야 할지조차 모르는 캄캄한 상황에 직면했다. 이때 나는 무엇을 시도하기 전에 이 교회의 역사와 숨어있는 아픔 그리고 잠재력을 배우기로 하고, 교인들이 쏟아 놓는 이야기를 경청하는 일부터 시작했다.

시작도 끝도 없이 쏟아져 나오는 이야기들이 줄을 이었다. 그리고 나는 차가 없었기에 자유롭게 움직일 수도, 심방도 여의치가 않았다. 그래서 '교회 소식지'를 만들어 우편으로 보내는 "Letter ministry"(서신사역)를 시작했다. 나는 글을 쓰고, 아내는 타이핑하고, 청년 한 두 명이 등사하여 교회 소식지가 만들어졌다. 나는 이것을 'News Letter Ministry', 목회서신 사역이라고 불렀다.

| 시카고한인교회 - 대화식 성경공부

교회 소식에는 교인들의 근황, 교회 행사, 설교가 아닌 짧은 메시지를 담았다. 놀랍게도 '교회 소식'은 교인들의 긍정적인 반응으로 돌아오기 시작했다. 그리고 매주일 새 교인들이 늘기 시작했다. 갈 곳 없는 이민 생활이 얼마나 답답하고 고된 상황이었는가를 말해주는 신호였다.

그리고 그해(1964년) 크리스마스가 왔다. 그런데 크리스마스 예배에 교인 100여 명이 참여하는 기적이 일어나고 있었다. 교회 분위기는 한순간에 좌절로부터 다시 생명이 약동하는 기적이 감지되는 순간으로 변하고 있었다. 이때 남아있던 교인들이 나보다 더 힘을 얻는 듯하였다.

조금씩 시카고에 적응하면서 나는 모든 에너지를 주일예배와 설교에 쏟았다. 성경봉독, 기도 순서에 교인들을 참여시켰다. 성가대(당시 개릿신학교에서 유학 중이던 차풍로 목사가 지휘자) 찬양이 예배와 함께 하이라이트를 이뤘다.

1964년을 넘기고 1965년 새해를 맞으면서 교회는 분열의 아픔을 딛고 새로운 분위기로 전환되고, 이 교회는 시카고 교민 사회(당시 약 500명이 거주)의 화제로 확산되는 변화가 감지되고 있었다.

그러나 나는 처음부터 이 교회에 오래 있을 수 없는 한계를 안고 시

삶, 여정, 이끄심

작한 목회였기에 이 교회를 통해 유명한 목사가 된다거나 교회 부흥을 꿈꾸지는 않았다. 다만 임기 동안 아름다운 신앙공동체 하나를 세운다는 목표를 정했다.

주로 유학 출신의 엘리트(elite) 집단이었던 이 교회는 유학 중인 목사와의 신앙과 지적인 대화가 수월한 편이었다. 그래서 성경공부도 주로 신학적 토론으로 진행되곤 하였다. 이때 누구보다 나 자신이 많이 배우고 있었다.

1965년 봄 어느 날, 이 교회는 오랜 은둔과 침체를 털어버리고 당당한 공동체임을 선언하는 큰 행사 하나를 계획하고 준비에 들어갔다.

1965년 10월 9일 이 작은 교회가 시카고 다운타운의 연회 모교회인 템플감리교회 교육관을 빌려, "한국의 밤"(Korean Christian Fellowship Night, 한국의 밤은 후일 '한미 성도의 밤'으로 바꿈)이라는 국제 페스티발을 여는 행사였다.

100여 명의 미국교회 지도자, 연회 목회자, 교민 대표들

| 시카고한인교회 - 공동생활

을 초청하고 선교신학을 주제로 하는 강연, 우리 교회의 성가대의 찬양과 한국 노래 그리고 여선교회가 준비한 한국음식을 나누는 만찬으로 진행하였다.

처음 모험을 걸었던 국제 페스티발(International Festival)은 큰 호응을 얻었다. 시카고 한구석에서 쓰러져가던 교회, 은둔과 분열로 얼룩졌던 이 작은 교회가 당당한, 선교하는 교회로 변신한 교회의 위상은 Rock River Conference 연회의 큰 화제가 되었다. Rock River Conference 기관지는 한 면 전체를 "Korean Methodists Strong in Chicago"라는 제하에 한인감리교회를 소개하기도 하였다.

이때 이 교회는 국제행사를 통해 안으로는 신앙의 결속을, 밖으로는 선교적 교회로 거듭나는 전환의 계기(momentum)가 되었다. 하나님의 역사는 이렇게 이어지고 있었다.

그리고 1965년 어느 날 연회본부는 약속대로 한국에 남겨두었던 아들 원형과 딸 원예를 이민자로 데려오게 하였다. 마침 미국으로 유학을 오게 된 동생, 애들의 삼촌(은재관, 로렌스의 캔자스대학교에서 국제정치학 전공)이 애들을 데리고 시카고 국제공항에 도착했다.

5년 만에 보는 아버지, 2년 만에 다시 만나는 엄마, 충청도 삽교 시골에서 시카고로 온 아이들의 표정은 즐거움보다는 두렵고 어둡게만 보였다. 사진으로만 보아오던 아버지, 그러나 만나는 그 순간의 표정은 낯선 아저씨를 보는 듯하였다. 엄마는 반갑지만 옆에 있는 낯선 동생이 이상한 듯했다. 이때 나는 애들에게 조심스럽게 접근할 수밖에 없었다. 그러나 온 가족이 다시 만난 기쁨은 아내에게 큰 위로와 힘이 된 듯하였다.

삶, 여정, 이끄심

영어 한마디도 모르는 원형이와 원예는 교회 근처의 초등학교에 입학하였다. 공립학교임에도 이 학교는 원형과 원예를 위해 영어 교사를 따로 배정하는 배려를 아끼지 않았다. 인간 하나 하나를 향한 따뜻한 배려가 살아 있었던 미국이었다. 이것이 1960년대의 미국 사회와 교육의 한 단면이었다. 원형이와 원예는 예상을 넘어 빠른 속도로 미국 문화와 언어 그리고 학교생활에 적응해 나갔다. 삼촌은 몇 달 후 캔자스로 수학차 떠났다.

이렇게 정신없이 지나간 목회 1년은 '학위 논문'을 완전히 잊고 살도록 나를 강요하였다. 그러던 어느 날 주임교수 McCoy 선생님께서 주셨던 충고 겸 경고가 갑자기 머리를 스쳐 지나갔다. "목회를 나가면 학위 꿈은 꾸지도 말라"라고 하시던 경고가 현실로 다가오고 있었다. 벌써 학문적 감각이 많이 떨어지고 있었다.

이때 나는 결단을 해야 했다. 하나님의 은혜로 상처받은 교회가 다시 웃음을 되찾고, 공동체의 새싹이 돋아나고, 100명이 넘는 교회로 성장하고, 국제 페스티발을 개최할 정도로 저력이 살아나는 이 교회에 목회자로 정착할 것인가, 아니면 하나님 앞에 약속한 처음 사랑을 지킬 것인가? 사이의 결단이었다. 그때 신앙 양심 속에 다가오는 한 미세한 음성은 한국으로 돌아가라는 것이었다.

그러던 어느 날 캔자스에서 급한 전화가 걸려 왔다. 유학 중에 있던 동생이 교통사고를 당했다는 비보였다. 나는 큰 행사 하나를 취소하고 급히 비행기로 캔자스 시로 그리고 버스로 로렌스까지 달려갔다. 무려 5시간이나 걸렸다. 병원 중환자실로 안내되었다.

그러나 두 시간 전에 동생은 이미 운명하고 난 뒤였다. 나는 그 자리에 주저앉고 말았다. 그토록 고생도 배고픔도 참고 여기까지 와서 삶을 마감해야 하는 동생을 홀로 지켜보면서 나는 많이 울고 또 흔들리고 있었다.

동료 유학생 몇 명이 도와주었지만 지금은 이름조차 기억 못하는 한 미국인 감리교회 목사님의 배려로 장례식을 치루었다.

3일을 낯선 로렌스에 머물면서 모든 일을 혼자서 처리해야 하는 고통까지 감당해야 했다(지금은 은길관 장로의 지원과 아들 은원형 목사의 수고로 남한의 통일동산 아버지 어머니 묘 곁으로 이장되었음).

시카고로 돌아온 나는 얼마 후 한 가지를 아내와 의논하였다. 나는 매일 새벽 4시까지 논문을 준비하기로 하고, 아침에 걸려오는 전화와 목회적 돌봄은 아내가 대신해주는 일종의 팀 사역을 시도하기로 하였다.

이렇게 시작한 논문 준비는 무려 2년이 걸렸다. 이때도 McCoy 선생님은 수시로 메모를 보내시면서 경각심을 잃지 않도록 격려하셨다. 1967년 3월 드디어 논문이 그 윤곽을 드러냈다.

그리고 나는 교회로부터 4개월의 특별휴가를 얻어 논문을 완성하기 위해 온 식구를 차에 태우고 샌프란시스코로 향했다. 논문도 논문이지만, 일종의 도피이기도 했다. 2년 반의 목회와 논문 준비가 나를 초주검으로까지 몰아 온 데 대한 이유 있는 반항 같은 것이었다.

시카고에서 버클리까지 무려 1주일이 걸렸다. 아내, 원형, 원예, 원주 그리고 뱃속에는 넷째가 동행하고 있었다. 운전은 나 홀로의 책임이었다. 미국 대륙 반쪽 횡단은 무식했기에 할 수 있었던 모험이었다.

2년 반 만에 돌아온 버클리! 아름다운 샌프란시스코의 모습은 시카고와는 비교도 되지 않는 향기까지 뿜어내고 있었다. 넷째를 임신 중이었던 아내, 학교로부터 정식으로 허가(출석 일수에 포함되는)를 받은 원형과 원예 그리고 원주는 시카고의 우중충한 목사관을 떠난 것만으로도 즐거워했다.

그리고 나는 미국 친구의 도움을 받아 원고 수정, 주임 교수님의 논문 지도 그리고 다시 제출하기를 3개월 동안 반복하였다. 그리고 6월 말 Dr. Charles McCoy의 오케이(OK)가 떨어졌다. 나는 즉시 논문 심사를 위한 제본 작업에 들어갔다. 그러나 아쉽게도 1967년 논문 심사 마감일(deadline)을 넘기고 말았다. 하는 수 없이 학교에 논문 초고를 제출하고 식구들을 차에 태우고 다시 시카고로 향하였다.

이번에는 북동쪽 노선인 네바다, 유타, 아이오와, 일리노이로 이어지는 고속도로를 선택했다.

시카고까지는 나흘 만에 돌아왔다. 4개월 만에 돌아온 목사관에는 교인들 10여 명이 찾아와 그동안 밀린 이야기로 밤을 지새웠다. 그리고 9월 초, 넷째 원길이가 태어났다. 그래서 나와 아내는 아들 둘, 딸 둘의 아버지와 어머니가 되었다.

그리고 얼마 후 1968년 졸업을 위해 논문 심사를 일찍이 받을 수도 있다는 학교 방침에 따라 1967년 가을, 나는 홀로 비행기로 다시 버클리로 향하였다.

최종 심사일 전날이었다.

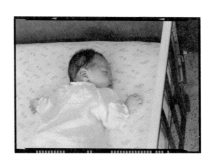

| 막내 출생(1967. 9.)

그런데 갑자기 이가 쑤시기 시작했다. 밤을 꼬박 새운 나는 충혈된 눈으로 심사장에 들어갔다. 다섯 분의 교수님들이 둘러 앉아 세 시간 동안 논문을 심사하는 것이다. 이때 받은 긴장과 정신적 고통은 내 평생에 처음이었다. 심사 도중에 내가 궁지에 몰리면 주임교수인 Dr. McCoy와 Barth Seminar 교수인 Dr. Foster는 살짝 다른 질문으로 유도하시면서 나를 구원해 주시곤 하셨다.

드디어 지옥의 세 시간이 지났다. 그리고 심사 위원장인 Dr. Rood 교수께서 나를 밖으로 나가 기다리라고 하셨다. 그 순간 나는 실격됐구나 하는 불길함이 스쳐 지나갔다. 그리고 문밖에서 30분을 기다렸다. 그 30분은 세 시간 보다 더 길었다.

드디어 문이 열리고 심사위원장 Dr. Wayne Rood가 나오면서 "Congratulations! Dr. Un!"이라고 축하 인사를 보내 오셨다. 그리고 다섯 분의 교수님들로부터 따뜻한 축하를 받았다. 그때 내 나이 34살로, 신학박사가 되었다. 그때의 기쁨은 무엇으로도 표현할 수가 없었다.

전쟁에 찌들고 젊은 날을 배고픔과 눈물로 살아야 했던 피난민 따라지가 여기까지 온 것이 어찌 내 힘이었던가? 보이지 않는 분의 돌보심과 이끄심이 아니었던가?

시카고로 돌아오는 길은 여비를 아끼기 위해 기차를 탔다. 7년 전 처음 유학길에 탔던 기차! 이번에는 신학박사가 되어 아내와 아이들에게로 돌아가고 있었다. 그리고 3일간 기차 안에서 나는 한없는 감사의 눈물을 흘리고 있었다. 기차를 타는 순간 나도 모르는 사이에 치통은 말끔히 사라져버렸다.

삶, 여정, 이끄심

| 박사학위증-PSR 그리고 졸업 사진

　시카고로 돌아온 나는 아내와 가족 그리고 교인들로부터 큰 축하를 받았다. 사랑과 배려를 아끼지 아니한 시카고교회 교인들에게 나는 많은 빚을 진 사람이다.

　그리고 1968년 새해가 다가왔다. 한국은 '프에브로' 납치 사건으로 다시 전쟁이 고조되고 있던 때였다. 그러나 나는 1968년 5월 연회 이전에 후임 목사를 청빙하도록 교회에 통보하고 사의를 표했다.

　그때 교인들은 모두 내게 미쳤다고 했다. 한국을 빠져나오지 못해 발버둥치는 이때 사지로, 그것도 대식구를 데리고 돌아가는 것은 미친 짓이라고 했다. 실은 아내도 애들도 거지 나라 한국으로 돌아가는 것을 모두 싫어하고 반대하고 있었다. 그러나 나는 하나님과의 약속을 어길 수가 없었다.

　그리고 나를 키워주신 Dean Cushman, Dr. M. Richey, Dr. Kale, Dr. Lacy(Duke) Dr. McCoy, Dr. Foster(P. S. R.) 그리고 노스캐롤라이

나주의 Johnson family와 오클랜드의 Menker family와의 약속을 외면할 수가 없었다.

1968년 5월 나는 박사학위를 받았다.

그리고 두 달 뒤, 나는 4년 동안 나의 모든 것을 쏟았던 시카고한인 감리교회를 사임하고 한국행 비행기에 몸을 실었다.

8년 만의 귀국! 아메리칸 드림의 축복을 안고 다시 가난한 나라. 그러나 고향이고 조국이기에 돌아왔다. 그것은 애국심도 그 무엇도 아닌, 다만 나를 죽음에서 다시 살리신 하나님의 은혜에 대한 작은 나의 감사와 신앙적 응답이었다.

| 시카고한인감리교회

삶, 여정, 이끄심

7
막

귀국, 감리교신학대학 그리고…

1968~1975

18장

귀국, 역문화(逆文化) 충격

1968년 6월 아내와 나는 원형, 원예, 원주, 원길(9개월 된)이를 데리고 한국으로 귀국했다. 한때는 버리고 싶었던 저주받은 땅, 그런 이 땅이 그리워 다시 돌아온 것이다.

비행장에서 아버님, 장인어른, 홍현설 학장님, 김용옥 박사님, 윤성범 박사님, 여러 교수님들, 10여 명의 친구 목사들 그리고 친척 수십 명이 우리의 귀국을 환영해 주었다. 분에 넘치는 큰 환영이었다.

그 가운데는 동양시멘트 이양구 사장님이 함께하고 있었다. 이양구 사장님은 1년 전 시카고에서 처음 뵙고 깊은 대화를 나누며 급속히 가까운 관계로 발전했던 한국의 대기업가이셨다. 사장님이 공항까지 나올 줄은 나도 몰랐다.

이양구 사장님의 배려로 우리는 캐딜락 승용차(미국에서도 타보지 못한)로 부모님이 사시는 청량리 밖 전농동 집에 밤늦게 도착했다.

8년 만에 부모님과의 만남! 당시 둘째 동생 은길관은 대학을 졸업하

| 귀국 사진(1968. 8.)

고 ROTC 장교(소위)였으며, 막내 동생 병관이는 중학생이었다. 이때 유학에서 영원히 돌아오지 못하는 동생 재관 때문에 분위기는 어두울 수밖에 없었다. 이때 나는 애써 일어났던 모든 일을 뒤로 미뤘다.

8년 만의 귀국은 온 식구에게 설렘 못지않게 역문화(逆文化, counter culture)와 마주해야 하는 충격의 시간이었다. 마당 한구석의 재래식 변소, 재래식 부엌, 재래식 수도는 우선 아내와 아이들에게 큰 충격이었다. 그리고 온 식구가 한 방에서 한 이불을 쓰고 함께 자야 하는 불편함은 나 자신에게도 충격이었다. 그때 나는 아내의 눈치를 살펴야 했다. 평소 말수가 적은 아내의 얼굴에도 '고생줄에 다시 들어섰구나' 하는 표정이 역력했다.

그다음 날 김용옥 박사님께서 이웃집 전화로 연락을 주셨다. 학교로 나오라는 말씀이셨다. 나는 8년 만에 청량리에서 버스를 타고 서울 거리를 통과하는 동안 만감이 교차하였다. 사람은 많아지고, 여전

삶, 여정, 이끄심

히 가난과 무질서가 난무하고 있었다. 8년 동안 나도 모르는 사이 미국화(Americanized) 된 나 자신을 보고 있었다.

한 시간 뒤 모교인 서울 서대문구 냉천동 감리교신학대학에 도착했다. 새 건물로 단장한 메인 캠퍼스(main campus) 정문에 들어서는 순간, 건물 벽에는 "은준관 박사님의 귀국을 환영합니다"라고 쓴 큰 포스터가 걸려 있었다. 그 순간 모교의 교수가 되었다는 보람이 다가왔다. 그리고 홍 학장님과 교수님들(모두 나의 선생님들)의 따뜻한 환영을 받았다.

청량리 밖 전농동에서의 한 달 생활은 아내와 애들뿐 아니라 아버지와 어머니 그리고 동생 병관에게도 몹시 불편한 삶의 연속이었다.

다행히 청량리교회(배동윤 목사: 동광중학교, 감신 출신, 동향 목사) 목사님과 교인들이 베풀어 준 따뜻한 배려와 사랑은 우리 모두에게 큰 위로와 기쁨을 주었다.

┃ 감신 취임 강연

그리고 한 달 후, 우리는 학장님의 배려로 학교 입구에 있는 학교 주택으로 이사를 하고 원형과 원예는 바로 집 앞에 있는 금화국민학교 5학년, 3학년에 편입하였다. 그때가 1968년 9월 초였다. 여전히 재래식 변소, 재래식 부엌이었지만 그래도 방이 셋, 마루가 있어서 조금은 숨을 쉴 수가 있었다. 그러나 그때까지 미국에서 붙인 이삿짐과 책이 도착하지를 않아 나는 학교 연구실에서 밤이 늦도록 강의 준비를 하곤 하였다.

1968년 9월 드디어 개학이 되고, 교수 초년생으로 가르침에 임하고 있던 어느 날, 일본에서 편지 하나가 날아왔다. 듀크 시절 나의 후원 가족이었던 양부모님, Mr. & Mrs. Johnson이 일본에 관광차 오셨다가 나를 만나러 서울로 오신다는 편지였다.

시카고에도 오셔서 우리를 격려하고 가셨던 Johnson 내외분은 양아들이 돌아간 고향, 한국을 보고 싶으셨던 것이다. 그런데 우리가 살고 있는 집과 삶의 모습을 보시고는 많이 걱정하시는 듯하였다. "그래도 비를 가릴 집이구나"라고 위로하셨다. 그리고 쓰다 남은 한국 돈 모두를 놓고 가셨다.

그 후 아내와 나는 두 가지 일로 큰 곤경에 처했다. 하나는 시카고에서 붙인 이삿짐이 몇 달이 지나도록 도착하지를 않았던 것이다. 여름옷만 챙겨온 온 식구가 여름옷으로 겨울을 넘겨야 하는 처지에 놓였다. 거기에다 내 생명과 같은 책(약 2,000권의 원서)이 온데간데없이 사라진 것이다. 나는 시카고교회 맹승섭 형제(후일 장로)에게 짐의 추적을 부탁했다. 그리고 살림살이와 책이 없는 1년을 살아야 했다.

그리고 우리를 괴롭힌 두 번째 어려움은 한국 공교육의 낙후성이었다. 감신 정문 앞 금화국민학교에서 원형과 원예는 한국식 교육을 막 시작하였다. 미국서 갓 돌아온 원형과 원예는 한국말에 서툴 수밖에 없었다. 그런데 숙제가 무엇인지도 모르는 아이들이 숙제를 해오지 않았다고 많은 애들 앞으로 끌고 나와 회초리로 때리는 선생들의 횡포는 아이들을 한순간 견딜 수 없는 고통과 모욕감으로 몰아넣었다.

귀국 전 두 아이는 미국의 국민학교의 우등생들이었다. 은근히 돈 봉투를 요구하는 선생들의 속셈을 알았지만, 아내와 나는 봉투를 주면서 애들 교육을 부탁하고 싶지는 않았다. 물론 당시 감신의 교수 봉급으로는 그것도 불가능했지만(당시 감신의 한 달 월급은 쌀 한 가마 값이 전부였)…. 이것이 대한민국의 교육 수준이고 또 교사라는 사람들의 저속한 교육 문화임을 보는 순간 나는 땅을 칠 수밖에 없었다. 그래서 아들 원형이는 학교에 정을 붙이지 못하고 학교가 끝나면 감신 내 정원을 돌아다니며 잠자리 잡는 일로 애써 고통을 잊으려 했다.

귀국 후 1년은 나와 가족에게는 일대 위기였다. 고향이라고 돌아온 한국의 국민학교는 매질로 애들을 쓰러뜨리고, 1년이 넘도록 이삿짐(전 재산)은 온데간데없이 사라진 위기 앞에서 아내와 나는 더 이상 버티기 힘든 한계에 다다랐다. 그때 나와 아내, 원형, 원예는 미국 영주권자였고, 원주와 원길은 미국시민(출생)이었다. 미국으로 다시 돌아가자. 애들을 위해서라도 돌아갈 것을 깊이 고민하기 시작했다.

그러던 어느 날 집안에 큰일이 생겼다. 아버님께서 심장마비로 갑자기 세상을 떠나셨다. 큰 고통 없이 가신 것은 축복이었으나 자식들의 효도를 한 번 제대로 받아보지 못하고 가신 것은 지금도 마음 한 구석에 '한'으로 남아 있다.

홍 학장님의 배려로 아버님의 장례예식은 감신 웰취강당에서 경건하게 거행되었고, 박용익 목사님, 배동윤 목사 그리고 감신대 학생들의 수고로 하관까지를 마칠 수 있었다.

그리고 청량리 전농동 집을 팔고 우리는 한참 개발 중인 강서구 화곡동에 집(나보다 1년 먼저 귀국한 이계준 목사는 연세대 교목으로 있었으며, 화곡동에 먼저 정착한 후에 우리를 유혹(?)여 조금은 개량된 현대식 건물[일명 비둘기 집])을 사서 이사하였다. 그리고 작은 자금을 만들어 어머니와 동생들을 위해 고척동에 작은 집 하나를 마련해 드렸다.

화곡동으로 이사한 아내와 나는 신흥학교인 화곡국민학교로 6학년인 원형이와 4학년인 원예를 전학시켰다. 단 하루도 금화국민학교 같은 저질 학교에 애들을 보낼 수가 없었다. 그때 받은 상처가 지금까지 한국 공교육을 불신하는 나의 아집이 되었는지도 모른다. 다행히 화곡국민학교 선생님들은 애들의 상황을 이해해 주시고 따뜻한 돌봄

| 화곡동 집에 방문한 친구 부부들

삶, 여정, 이끄심

을 베풀어주셨다.

어느 날 시카고의 맹승섭 형제로부터 편지가 왔다. 긴긴 추적 끝에 잃어버린 우리 이삿짐을 찾았다는 소식이었다. 곤잘레스라는 멕시칸(Maxican) 이름의 이삿짐센터 사장이 이삿짐 송료 1,000달러를 떼먹고, 이삿짐은 시카고시 연안, 미시간 호 한 부둣가 창고에 버려두고 도망을 갔다는 것이다.

이삿짐을 가져오기 위해서는 1,000달러가 있어야 하는 상황에 몰린 것이다(당시 20-30달러가 4인 가족 한 달 생활비였다). 나와 아내는 이러지도 저러지도 못하는 곤경에 빠졌다.

오랜 고민 끝에 나는 하는 수 없이 Mr. Johnson에게 장문의 편지를 보냈다. 1,000달러를 빌려 주시면 이삿짐을 찾고, 돈은 두고두고 갚겠다는 내용이었다.

얼마 후 Mr. Johnson의 회신이 왔다. 그런데 그것은 등기우편이었다. 그 속에는 은행보증수표 1,000달러가 들어 있었다. 그리고 1,000달러는 우리에게 주는 귀국 선물이라고 하셨다. 한국을 다녀가신 후 우리가 사는 모습을 보고 많이 괴로웠다고 하셨다. 우리는 또다시 갚을 길 없는 빚진 자가 되었다. 시카고교회 교인이었던 심 변호사와 Mr. 맹의 도움으로 짐을 되찾아 한국으로 보낸 두 달 후 우리는 인천 부두에서 짐을 찾을 수 있었다.

아이들의 힘겨운 정착, 화곡동 보금자리(일명 비둘기 집) 마련 그리고 이삿짐까지 찾으면서 나와 아내는 미국행을 포기하고 한국 생활에 조금씩 적응하기 시작했다. 이때 우리는 문화충격(cultural shock)이라는 것이 얼마나 무서운 삶의 바이러스인지를 배우고 있었다.

19장

전환기의 감리교신학대학

1968년 9월 감리교신학대학 교수가 된 해, 나는 35살이었다. 풋내기 중의 풋내기였다. 그러나 한국교회를 향한, 특히 불모지였던 기독교교육학을 향한 열정과 헌신만은 남달랐다. Miss Stockton 선생님과 김폴린 교수님이 그토록 온 영혼으로, 기도로 염원했던 기독교교육학 교수가 아니던가?

그 당시 한국 사회는 한 끝에서 다른 한 끝으로 요동치는 격변의 파도 속을 헤매고 있었다. 박정희 정권이 내세운 '유신'(維新) 정책은 사회를 경직시키고, 급격한 산업화는 '가진 자'와 '가지지 못한 자'로 갈라놓고, '잘 살아 보세'와 맞물린 한국교회는 축복 신앙을 마치 복음인 양 목청을 높이고 있었다. 여기에 '인권'(人權)을 내세운 노동운동과 '정의'(正意)를 내세운 학생들의 저항은 이 땅을 혁명 전야로 몰아가고 있었다.

갓 귀국한 최연소 교수인 나는 이 혼란 속에서 어떻게 처신하고 어

삶, 여정, 이끄심

떻게 행동해야 하는지를 수시로 도전받고 있었다. 데모에 앞장섰던 한국신학대학 교수들(특히 문익환, 문동환 형제 교수)처럼 데모 선봉에 나서는 것을 기대하는 것 같았다.

본래 '비정치적'(非政治的) 체질로 태어난 나는 여간 괴롭지 않았다. 데모나 저항은 내 본성과는 멀었다. 아니 긴긴 전쟁을 겪고, 죽음의 고비를 여러 번 넘긴 나로서는 독재도 싫었지만, 혁명도 싫었다. 둘 다 숨은 욕망을 위장한 이데올로기(ideology)에 불과하다는 생각 때문이었다. 그래서 나는 급진적인 학생들 사이에서 '어용교수'(御用敎授)로 낙인찍혔는지도 모른다.

그러나 나는 내 신념에 따라 행동할 수밖에 없었다. '씨'를 뿌리자. 시간이 걸려도 씨를 뿌리자. 기독교교육은 결국 씨를 뿌리는 작업이 아니던가? 그래서 나는 데모 중에서도 연구와 강의에 충실하였다.

1968년 당시 한국 기독교교육학은 학문적 토대를 놓기 위해 큰 기지개를 하고 있었다. 선배 교수들(문동환 박사 - 한신대, 김득렬 박사 - 연세대, 김형태 박사 - 연동교회, 주선애 교수 - 장신대)의 활발한 학문적 추구는 기독교교육의 터전과 위상을 높이고 있었다.

그리고 함께했던 교수들(차풍로 교수 - 감신대, 정웅섭 교수 - 한신대)의 학문적 활동도 기독교교육을 하나의 큰 흐름으로 만들어 가고 있었다. 이때 후발 주자로 참여한 나는 한 모퉁이돌이 되는 것을 소명으로 삼았다. 그래서 나는 감신 안에 '기독교교육연구소'를 설립하는 작업부터 시작했다. 홍현설 학장님의 적극적인 지원, 특히 교내 선교사 주택을 연구소 건물로 배정해 주신 계기는 연구소 출발의 기초가 되었다.

그리고 이때 뜻밖에 강력한 지원군이 등장했다. Mrs. Ruth

Burkholder, 변미정 선교사! 오랜 선교사였으나 기독교교육을 펼칠 플랫폼을 찾지 못하고, 늘 뒤에 숨어있던 엘리트(elite)였다. 60을 바라보는 원로였지만 예리한 통찰력과 뛰어난 문장력은 그의 큰 자산이었다.

나는 연구소 소장으로, Mrs. Burkholder는 부소장으로 임명을 받았다. Mrs. Burkholder, 차풍로 교수 그리고 나는 강력한 팀이 되어 연구소를 이끌어가는 선구자들이 되었다.

1969년 9월 기독교교육연구소가 설립되고, 첫 프로젝트는 교사교육용 시리즈를 집필·출판하는 일이었다. 나는 시리즈 I "왜? – 기독교교육 목적을 중심으로"를 내놓았다. 나의 첫 작인 셈이다.

시리즈 II는 "무엇을?", 시리즈 III은 "어떻게?"를 출판하고, 시리즈 IV "어디서?"는 집필자의 무책임으로 출판이 되지 못했다. 그러나 자료가 많이 부족했던 그 당시 이 시리즈는 비교적 큰 호응을 얻었다.

그리고 연구소의 두 번째 프로젝트는 주 프로젝트가 되었다. 교회학교 시스템과 교육 패러다임을 전환하는 실험교육이었다. 당시 고도의 교회 성장과 맞물려 크게 부흥하던 교회학교였지만, 그 속에는 이미 위기의 징조들이 싹트고 있었다.

1970년 기독교교육연구소는 경인 지역 감리교회 15교회와 협약을 맺고 실험에 들어갔다. Mrs. Burkholder와 나 그리고 조교들은 '실험교재 제작', '교사교육 시스템 전환' 그리고 '교실 변화'를 모색하는 실험에 들어갔다.

실험 자체는 큰 성공이었다. 그리고 실험이 끝난 3년 뒤 나는 종합보고서를 내놓았다. 보고서는 내가 섬겼던 시카고 한인교회(당시 차연

삶, 여정, 이끄심

회 목사 담임)가 보내온 선교비로 제작
되었다.

실험교육은 크게 두 가지를 교훈
으로 남겼다. 하나는 실험 교재를 감
리교교육국이 정식 교재로 채택하면
서 수년간 감리교회의 공식 교재가 되
었다. 다른 하나는 2001년, 2004년,
2012년, 2013년으로 이어진 "교회학
교를 신앙공동체"로 전환하는 '어린
이청소년교회운동' 일명 CYCM운동

| 종합보고서

(Children Youth Church Movement)의 기초가 되었다.

이 프로젝트를 통해 두 사람이 기독교교육학자가 되었다. 하나는
김재은 박사(한때 연구소 총무, 후일 감신대 교수, 대학원장)이고, 다른 하나는
임영택 박사(협성대학교 부총장, 신학대학 교수)이다.

실험 교육이 진행되는 동안 나는 『교육신학』(教育神學) 집필에 에
너지를 집중하기 시작했다. 시작한 지 4년째 되던 1976년, 500여
페이지의 책으로 세상에 데뷔한 『교육신학』(教育神學, A Theology of
Education)은 기독교교육학계에 하나의 화제가 되었다. 『교육신학』은
100년의 기독교교육사상을 교육신학적으로 체계화한 최초의 시도였
다. 『교육신학』은 1977년 기독교서회의 '저작상'으로 선정되었다.

『교육신학』은 김포린 교수, Miss Stockton(감신), Dean Robert
Cushman, Dr. M. Richey(Duke), Dr. Charles McCoy(P. S. R.) 그리
고 후원자, Johnson가와 Menker가가 베푼 사랑에 대한 나의 작은 감

| 교육신학, 출판기념회, 저작상패

사와 헌신의 표현이었다.

한국말로 된 책을 받아 본 미국 선생님들은 알아볼 수는 없었지만, 각 주와 도서목록을 보시고는 사상의 흐름을 포착하셨다고 했다. 특히 Dr. M. Richey(듀크의 주임교수)는 『교육신학』을 그의 연구실 서재 중간에 비치해 놓으시기까지 하셨다.

『교육신학』은 2006년까지 15판이라는 장수를 거듭하였다. 그리고 2013년 전면 개정을 거쳐 동연출판사를 통해 다시 태어났다. 나는 1968년에서 1975년 정동제일교회 담임목사로 부임하기까지 7년을 감신 교수로 재직하였다.

많이 미숙했던 교수 방법, 정리되지 못한 사상 그리고 교회학교 살리기에 많은 시간을 할애해야 하는 일정 가운데서도, 어떻게든 모교의 발전과 활성화를 위해 무엇인가를 해야 했다. 감신은 너무 오랜 기간 무거운 침묵만이 흘렀을 뿐, 미래를 향한 꿈도, 도약도, 모험도 하지 않는 타성에 젖어있었다.

이때 나는 '스튜던트 채플'(Student Chapel)이라는 프로젝트(project)를 통해 모험을 걸었다. 당시 기독교학교에서조차 '채플'과 '성경교육'을 '불법화'(不法化)하는 문교 정책에 대해 침묵하고 있을 때, 스튜던트 채플은 하나의 대안을 찾기 위한 모험이었다. 미 선교부도 이 운동에 관심을 가지고 재정적 지원으로 함께하고 있었다.

이때 이계준 목사, 윤병상 목사(연세대 교목), 이상주 목사, 이경희 목사(배재 교목), 차풍로 목사와 나(감신대 교수)는 팀이 되어 서울 시내 남녀 고등학생 150여 명(주로 mission school 학생들)과 함께 신앙과 삶의 의미를 찾아 나선 실험 교육으로 이어졌다. 감신 예배실에서 드린 공동예배(학생들이 주체로 참여하는)와 분반토의(학생들이 만들어내는 주제를 중심으로)를 두 축으로 하는 실험이었다. 그러나 당시 박정희 정권은 이것마저 허용하지 않았다. 여기서 배출된 감리교 목사는 황문찬 목사 외 몇몇 목사였으며, 일반 대학 교수들도 여럿 있었다.

그리고 1970년대 급격한 교회 성장은 목사의 지도력(leadership) 변화를 요구하고 있었다. 항시 시대적 이슈(issue)에 민감하셨던 홍 학장님은 내가 제안한 '선교대학원' 설립을 흔쾌히 수렴하셨다. 선교대학원 설립은 당시 감리교 중진 목회자의 신학화와 현장 목회에 큰 공헌을 남겼다. 그것은 전 감리교회의 변화로 이어지고, 감리교회는 신학적 사고를 하는 교단으로 발돋움하는 계기를 마련하였다. 나는 선교대학원 초대 교무처장직을 수행하는 영광을 가지기도 했다.

이때 졸업한 석사 목사님은 김지길 감독(아현교회), 장기천 감독(동대문교회), 강병훈 목사(양광교회), 김덕순 목사, 김관선 목사(육사 군목)을 비롯해 수십 명에 이른다

그리고 나는 연세대학교 연합신학대학원 기독교교육학 주임교수로 파송을 받아(당시 연신원은 여러 교단과 신학대학의 협력기관이었다) 4년 동안 여러 교단 목회자들과 학문적 교류를 나누는 특권을 가지기도 하였다.

이때 배출된 석사들은 고용수 박사(논문 지도, 후일 장신대 총장), 김옥라 박사(각당복지재단 이사장) 외 여러 명이었다. 이것이 연세대와의 처음

| 선교대학원 1회 졸업 사진

인연이었다.

1968년부터 1975년까지 7년의 감신 교수 생활은 정신없이 뛰고 달린 숨 가쁜 여정이었다. 삶을 성찰할 수 있는 시간의 여유도 없이. 그러나 많이 행복하고 보람 있는 삶이었다.

이 기간에 졸업한 목회자들 중에 김진두 목사, 김종훈 목사, 조경열 목사, 박인환 목사, 박병윤 목사, 이후정 박사, 박종천 박사, 유승훈 목사, 유희용 목사, 이정배 박사, 김고광 목사, 김영헌 감독, 이원규 박사, 조영진 감독과 아내 장기옥 목사, 최이우 목사, 이기우 목사, 박상철 목사, 권오서 감독, 황문찬 목사, 임영택 박사, 김순영 목사, 이덕주 박사, 안석모 박사, 나형석 박사가 기억에 남는다.

삶, 여정, 이끄심

20장

감리교회 부패와 분열

1968년에서 1975년까지의 감신의 생활은 경제적 어려움을 제외하고는 학문과 삶의 하이라이트였다. 그런데 그때 나는 서서히 지치기 시작했다. 원인은 두 가지였다. 하나는 감신의 희미한 미래에 대한 청사진이었다. 부족하지만 나는 학교의 미래와 교회 현장과의 만남을 위한 피나는 노력들을 기울였지만, 선배 교수님들은 '보직'에만 관심을 쏟을 뿐, 개혁에는 철저히 무관심하였다. 그래서 외로운 싸움을 거듭해 왔다.

그리고 다른 하나는 감리교회의 타락이었다. 극도로 정치화되면서 감리교회는 하나님의 교회되기를 포기하고 있었다. 한국 여러 교단의 정치 문제는 많은 경우 교리 문제와 자리다툼에 있었지만, 감리교회의 문제는 파송권, 재단 관리권, 행정권을 한 손에 독점한 '감독제'(episcopal system)에 기인하고 있었다. 1인 독재체제의 감독제는 민주주의가 발달한 미국에서도 문제였지만, 민주주의 터전이 거의 없었

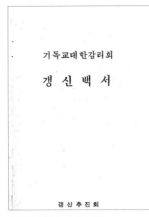

기독교대한감리회
갱 신 백 서

갱 신 추 진 회

| 갱신 추진회 총회 자료

던 한국에서는 타락과 부패의 온상이 되어왔다. 이로 인해 한국감리교회는 이미 네 차례 분열의 아픔을 안고 있었다.

내가 귀국한 1968년, 감독 선출을 둘러싼 파벌들은 극렬하게 대립하고 있었다. 소위 '성화파'(평양 성화신학교를 중심으로 하는 이북파), '호헌파'(이북파의 독주를 저지하기 위해 결속된 남한파) 그리고 선택권(casting vote)을 쥐고 두 파 사이를 교묘히 오고 가는 '정동파'(정동제일교회와는 무관)가 각축전을 벌이고 있었다. 총대도 아닌 나에게까지 세 파의 손길은 뻗치고 있었다.

이때 어느 파에도 속하지 아니한 뜻있는 중진 목사님들이 여기저기서 교회 개혁을 외치기 시작했다. 대신교회 김문희 목사, 아현중앙교회 김성렬 목사, 춘천중앙교회 김연호 목사, 남산교회 김창호 목사, 청량리교회 배동윤 목사, 종교교회 박신원 목사, 의정부 서부교회 신경하 목사, 동대문교회 오경린 목사, 혜명교회 오영근 목사, 평동교회 장기천 목사, 주문진 교회 채인식 목사, 영등포중앙교회 황을성 목사, 연대 교목인 이계준 목사, 윤병상 목사, 감신 교수인 박봉배 목사, 차풍로 목사, 은준관 목사 외 수십 명이 발기인이 되어 "감리교회 갱신 추진회 준비모임"을 결성했다.

그리고 우리는 1971년 7월 "감리교회 갱신 추진회" 총회를 개최하고 김성렬 목사님을 회장으로 추대하였다.

삶, 여정, 이끄심

이때 내가 초안한 갱신백서의 핵심은 네 가지였다.

1) 선교적 교회로의 전환
2) 개체 교회 중심의 선교 구조화(감독 파송제로부터 청빙제로의 전환)
3) 단일 감독제에서 연회 다원 감독제(교회 담임 겸임)로의 전환
4) 평신도국 신설이었다.

이 백서는 긍정과 부정으로 갈린 반응으로 돌아왔다. 예상대로 절대적 권한을 가진 감독직을 놓고 피나는 싸움을 벌여오던 여러 파벌들은 자기들의 정치적 목적이 무너지는데 대한 '역반응'(逆反應)을 쏟아내기 시작했다.

그래서 정치꾼들은 감신 교수 세 사람(박봉배, 차풍로, 은준관)의 해임을 들고 나왔다. 그러나 홍 학장님은 이를 단호히 거부하셨다. 반대로 감리교회의 미래를 걱정하는 많은 비정치적 목회자와 평신도들은 큰 호응으로 응답해 왔다.

그 후 우리는 몇 차례의 세미나와 워크숍을 거치며 1971년 12월 20일 「기독교대한감리회 갱신백서」라는 제목 하에 16페이지의 팜플렛을 전국 감리교회 앞에 내놓았다. 이것은 감리교회의 미래를 신학적으로 공론화(公論化)하기 위한 공식 제안이었다.

예언자적 소명 때문에 교회 정치에 휘말린 감신 교수 세 사람은 홍 학장님의 절대적 보호 아래서 '화'는 면했지만, 우리는 시대적 소명을 다했다는 자부심을 가진 채 잠시 숨 고르기에 들어갔다.

그리고 2년이 흘렀다. 그 사이 각 계파 정치꾼들은 여전히 금권, 파

벌을 동원하여 총회 대표 매수에 총력을 기울였다.

1974년 10월 드디어 감리교회 정기총회가 정동제일교회에서 열렸다. 총회는 당시 '호헌파'(護憲派)의 수장이었던 김창희 목사(정동제일교회 부목사)가 감독으로 선출되었다. 몇 년을 쌓아온 정치력의 결과였다. 김창희 목사가 감독으로 선출되는 순간, 교회 개혁을 염원하던 '갱신'(更新) 그룹 목회자와 평신도 대표 수십 명은 총회 무효를 선언하고 그 자리에서 퇴장하였다. 그리고 종교교회로 장소를 옮겨서 '갱신총회'를 열고 마경일 목사를 총회장으로 선출하였다. 이것이 감리교회의 네 번째 분열이었다.

이 소식을 듣는 순간 나는 모든 '기'(氣)가 몸에서 빠져나가는 것을 느꼈다. 감리교회는 끝없는 죽음의 계곡으로 추락하고 있었기 때문이었다.

신학을 잃은 교회! 그곳에는 정치만이 난무할 뿐, 생명은 존재하지 않았다. 오늘도 감리교회가 겪고 있는 혼란은 신학 없는 정치의 악순환이라 보여진다.

삶, 여정, 이끄심

정동제일교회

1975~1979

21장

정동제일교회의 청빙

1974년 한국 감리교회는 10월 총회를 앞두고 최악의 정치놀이에 휩싸이고 있었다. 그러던 어느 봄날, 나는 전화 하나를 받았다. 정동제일교회 인사위원회 위원장이라고 자신을 소개하시는 최형규 장로님의 전화였다. 그리고 내일 MBC 사옥 커피숍(당시 정동제일교회 입구에 위치한)에서 만나기를 청하는 전화였다. 그때 나는 나도 모르는 무슨 일이 벌어지고 있음을 직감하였다.

약속한 시간에 나는 커피숍으로 나갔다. 거기에는 당시 정동제일교회 담임목사님이신 한영선 목사님, 현직 채선엽 장로님(이대 음대 교수), 김초옥 장로님 그리고 인사위원장인 최형규 장로님(당시 대한전선 사장)이 먼저 와 계셨다.

우리는 인사를 나누고 차 한 잔을 마신 후였다. 최 장로님이 말문을 여셨다. 정동제일교회 인사위원회에서 나를 한영선 목사님 후임 목사로 결정했다는 내용이었다. 분위기는 가벼운 침묵으로 바뀌고, 네 분의 시선은 나를 향하고 있었다. 그리고 내가 무슨 말을 하기도 전에 최형규 장로님은 두 주 후에 부임해 달라는 말씀을 이어 가셨다.

그런데 이때부터 내 자존심이 조금씩 상처를 받기 시작했다. 아무리 감리교회의 모 교회인 정동제일교회라 하더라도 내가 속했던 학교, 그동안 벌여놓은 일들을 정리해야 할 시간조차 주지 않고, 일방적으로 강요하는 듯한 느낌 때문이었다.

그때 나는 잠시 숨을 고르고 답하였다. "저 같이 부족하고 젊은 목사를 청빙해 주신 것은 저에게 큰 영광입니다. 저도 기도하고 정리할 시간을 주십시오."

그리고 집으로 돌아온 나는 아내에게만 알리고 그날 밤 두 장의 편지를 썼다. 하나는 한영선 담임목사님 앞으로, 다른 하나는 최형규 인사위원장님 앞으로 보내는 편지였다. 교수로서의 소명과 책임 때문에 정동제일교회 청빙을 정중히 사절한다는 내용이었다.

쓰고 난 후 내가 보기에도 내 편지는 조금은 당돌하고 건방진 내용이었다. 그러나 그때 그 편지는 내 느낌, 내 마음 그대로였다. 등기로 편지를 보낸 후 나는 정동교회 이야기는 깨끗이 접고, 맡은 교수직과 교육활동에 매진하기로 결심하고 있었다.

그러나 문제는 그 편지가 인사위원회에 도착한 다음이었다. 편지를 받은 인사위원회가 벌컥 뒤집힌 것이다. 감히, 더욱이 젊은 목사가 정동제일교회의 초청을 거부하다니! (이것은 내 추측이다.) 정동제일교회의 자존심이 한 젊은 목사 때문에 큰 손상을 입은 것은 사실이었다.

도대체 은준관이 누구인가? 그리고 감히 정동제일교회의 초빙을 거부하는 이 젊은이는 누구인가? 입소문은 정동제일교회를 넘어 온

삶, 여정, 이끄심

장안으로 급속히 퍼져나갔다. 나는 본의 아니게 하루아침에 유명인사가 되었다.

그러나 문제는 자존심이 깎인 인사위원회가 전략을 수세에서 공세로 전환하면서부터였다. 인사위원 11명이 2명씩 팀으로 나뉘어 한 주일에 한 번씩 감신대 나의 연구실을 공략하는 전략이었다. 거기에는 '대쪽으로 유명한 유하영 장로님, 신창균 장로님을 선두로 말 펀치가 센 여자 장로님들이 차례로 감신 연구실을 찾아오셔서 따지기를 무려 6개월!

그때마다 나는 "제가 너무 젊어서… 목회 경험이 부족해서… 교수로서의 소명이 있어서…" 등을 이유로 방어에 나섰다. 그러나 그 무엇도 먹혀 들어가지가 않았다. 나는 점점 이러지도 저러지도 못하는 딜레마(dilemma) 속으로 몰리고 있었다. 그리고 서서히 지치고 있었다.

그러던 1974년 10월 감리교회 총회는 끝내 분열이라는 비극으로 끝나고, 감리교회는 '법통'(法統)과 '갱신'(更新)이라는 두 교단으로 갈라서고 말았다. 그때 나는 마음으로는 '갱신' 쪽에 기울어져 있었지만, '갱신 총회'에 가담하지는 않았다.

날로 궁지에 몰리고 있던 1974년 11월 어느 날 또다시 연구실을 찾아오신 장로님들 앞에서 나는 마지막 카드 하나를 꺼내 들었다. "불행하게도 한국 감리교회가 정치문제로 둘로 쪼개졌습니다. 이때 모교회인 정동제일교회의 책임이 막중한 것 같습니다."

갑자기 교단의 문제를 들고 나오자 장로님들은 다소 당황하는 모습들이었다. 그때 나는 최후의 카드를 내놓았다. "교단이 분열된 이 상황에서 모교회인 정동제일교회가 이쪽도 저쪽도 아닌 '중립'을 선언할 수 있다면, 어느 날 감리교회가 다시 하나가 되는 과정에 중재역을 담당할 수도 있지 않겠습니까?"

이것은 불가능한 카드였다. 그러나 나는 이 카드로 마지막 승부를 걸어야 했다. 겉으로는 교단 재통합을 내세웠지만, 속으로는 지난날 정동제일교회를 중심으로 벌어진 교단의 정치적 소용돌이를 감당할 자신이 없었다.

이때 내가 내놓은 마지막 카드에 놀란 장로님들은 하늘을 쳐다 보며 난색을 드러내셨다. 나는 지금도 그때 어떻게 그런 엄청난 카드를 내놓았는지 알지 못한다.

그리고 한참의 침묵이 흘렀다. 그리고 유하영 장로님이 말문을 여셨다. "목사님, 교회에 가서 의논하고 연락드리겠습니다." 그리고 우리는 헤어졌다. 그 후 나는 다시 모든 일을 잊기로 결심했다. 정동제일교회는 어떤 이유로도 '중립'(中立)을 선언할 수 없다는 것을 잘 알고 있었기 때문이었다.

1974년 11월과 12월 초순까지는 비교적 조용했다. 나는 오랜만에 홀가분한 마음으로 나의 첫작인 『교육신학』(敎育神學) 집필에 집중하고 있었다.

그러던 12월 어느 날 정동제일교회가 '중립'을 결정하고 '중립'(中立)을 선언한 것이다. "어떻게 이런 일이?" 여기에는 인간이 아닌, 어떤 크신 손길이 뒤에서 움직이고 있음을 직감할 수 있었다. 하나님의 역사가 아니고서는 이러한 일이 가능할 수 없었기 때문이었다. 이제 나는 더 이상 뒤로 물러설 수 없는 골목으로 몰리기 시작했다.

1975년 새해 1월 말이었다. 장로님 두 분이 교회 주보를 들고 학교로 찾아 오셨다. 주보에는 다음 주일에 은준관 목사가 부임한다는 공고가 실려 있었다. 나는 당황할 수밖에 없었다. 나하고는 일체의 시간의 조율이나 절차의 의논도 없었던 일방적인 통보였기 때문이었다. 이것이 정동제일교회였다. 당시 정동제일교회의 상황이 그만큼 절실했다는 사실을 그 후에야 알게 되었다.

| 담임목사 부임

정동제일교회 부임을 앞두고 그토록 사랑으로 아껴주시고 또 배려해 주셨던 홍현설 학장님을 찾아뵈었다. 그리고 정동제일교회와 나 사이에 오고 간 긴긴 에피소드를 말씀 드렸다. 그 순간 선생님의 눈시울은 붉어지고, 아쉬운 악수를 청하시면서 "수고 많이 하라고… 재미없거든 3월 개학 전에 학교로 다시 돌아오라고…." 이것이 작별인사였다.

1968년 9월 학기에서 1975년 2월까지 애정과 열정을 다 쏟아 사랑하고, 강의에 임하고, 책을 쓰고, 각종 실험에 임했던 모교 교수생활 7년! 젊음과 학문의 모든 것을 바쳤던 감신은 지금도 내 영혼의 고향으로 남아 있다. 그리고 나는 1975년 2월 첫 주일 정동제일교회에 부임하였다.

| 정동제일교회 가족들

삶, 여정, 이끄심

| 정동제일교회 125년사 봉헌예배

22장

신앙의 유산, 잠재력, 수요성서 연구

유난히도 추웠던 1975년 2월 첫 주일, 나는 정동제일교회에 부임하였다. 그날 나는 "예수의 삶"이라는 제목을 걸고 설교했으나, 너무나 엄중한 분위기에 눌려 회중은 한 번도 쳐다보지도 못한 채 원고를 읽는 것으로 끝을 맺었다. 예배가 끝난 후 설교에 대한 반응은 '오늘 강연 잘 들었다'였다.

그리고 부임한 주일 밤부터 예배와 설교는 모두 내 책임이었다. 그런데 2월 첫 주일 밤 예배는 또 하나의 충격의 시작이었다. 700여 명이 앉는 큰 본당 맨 앞 두 의자에 20명이 앉아 예배 시작을 기다리고 있었다. 대형 석유난로 7대를 가동했지만 그 큰 공간을 데울 수는 없었다.

강단에 올라선 나는 아무도 보이지 않는 빈 공간을 향해 소리를 치고 있었다. 밤 예배는 오랫동안 교인 모두가 외면한 죽은 예식이었다. 예배가 끝난 후 그 추운 겨울에 식은땀이 내 온몸을 적셨다.

삶, 여정, 이끄심

한영선 목사님은 인격자셨고 또 존경받는 목회자셨다. 아현교회 담임을 역임하셨고, 기독교교육협회 총무까지 역임하신 교계중진이셨다. 그러나 목사님은 교회와의 약속을 파기하면서 정동제일교회는 깊은 갈등 속으로 빠져들어 가고 있었다.

담임목사직을 계속 유지하기 위해 나의 부임을 못마땅하게 여기신 목사님은 모든 절차를 무시하고 뒤에 숨어서 모든 진행을 방해하셨다. 나는 복잡하게 얽힌 이 속 사연은 알지 못한 채 부임한 것이다.

그리고 한 목사님이 나를 '부목사'로 호칭하면서 상황은 급격히 악화되었다. 교회임원회는 이 일을 약속의 파기로 간주하고, 한 목사님을 사퇴로 몰고 가고, 4월 6일 주일에 한 목사님은 하는 수 없이 사임하였다. 교회로부터 마지막 신뢰까지 잃은 목사님은 제대로 된 송별의 '예'(禮)조차 받지 못한 채 떠나야 했다. 이 사건은 나에게 충격적인 경험이 되고 또 교훈이 되었다. 목사는 교회를 떠날 때 '뒷모습'이 좋아야 한다는 엄중한 교훈을 배웠다.

그리고 두 달 후 1975년 4월 6일 주일, 나는 다시 담임목사로 부임하는 순서를 밟았다. 80년 역사가 넘는 감리교회의 모 교회의 담임목사가 된 나는 솔직히 영광이고 기쁨보다는 무거운 책임감이 나를 억누르고 있었다.

부임 후 첫 임원회 때였다. 회의를 주관하고 끝나기 바로 직전, 나는 중대한 선언을 발표했다. "저는 5년만 목회하고 학교로 돌아갈 것입니다. 그동안에는 목회에만 전념하겠습니다. 교회 정치에는 일체 관여하지 않겠습니다." 이 선언은 하나님과의 약속이었다. 그리고 교회에게는 담임목사직에 연연하지 않는다는 신호였다. 이 선언은 임원들에게 큰 충격이 되었다.

그때 내 나이 42살이었다. 목회 경력이라곤 군목 4년, 시카고한인교회 4년이 고작이었던 풋내기 목사! 나는 솔직히 앞이 캄캄했다. 생소한 분위기, 쉽게 정(情)을 주지 않는 차디찬 교인들(어찌보면 지성인들의 속성이기도 하지만) 그리고 무엇을 어떻게 해야 할지조차 모르는 답답함이 얼마 동안 흘렀다.

얼마 후 나는 교회를 위해 내가 무엇을 하기에 앞서서, 정동제일교회가 가지고 있는 신앙의 유산부터 찾아 나서기로 했다. 그때 '속회 심방'은 목회 행로의 중요한 출발이었다. 여기에는 정동제일교회를 한 평생 몸으로 지켜온 성실한 청지기 두 분, 곽만영 장로님과 이진주 전도사님이 동행하였다. 당시 교회에는 승용차가 없었기에 우리는 온종일 버스로 온 서울 장안을 누벼야 했다.

'가나다' 순으로 시작한 속회 심방은 용산 속까지 오게 되었다. 용산 속에는 정동제일교회 임원들이 집중되어 있었고, 그중에는 중진 장로님, 권사님들이 계셨다. 속회 기도회가 끝나고 차를 마시며 교인들과 나누는 대화 시간이었다. 그때 나는 넌지시 '저녁예배에 나오시기 많이 힘드시나요?'라고 화두를 던졌다.

이 한마디가 방 안의 많은 이들에게 충격을 주었다. 여기저기서 이런저런 변명들이 쏟아져 나왔다. "저녁이 되면 덕수궁 담을 지나 가기가…", "아침에는 남편 출근 치다꺼리 때문에…"

경청하던 나는 충격요법 하나를 던졌다. "장로님, 권사님, 집사님이 참석 못 하시는 주일 밤 예배, 수요예배, 없애는 것이 어떨까요?" 이때 충격요법은 적중하고 있었다. "안돼요, 목사님! 밤 예배 없애면 안 됩

삶, 여정, 이끄심

니다. 90년 역사인데요." "그러시면 수요일 밤 예배 대신 권사님과 집사님, 나와 함께하는 성경공부로 바꾸는 것은 어떻습니까?"

그때 나는 정동교회의 무한한 신앙의 유산과 잠재력을 성경과의 만남에서, 아니 성경을 통해 말씀하시는 하나님과의 만남에서 찾으려는 작은 소망을 꿈꾸고 있었다. "네? 성서 연구요?" 여기저기서 관심을 드러내기 시작했다.

이 물음들은 최초의 반응들이었다. "예, 성서 연구입니다." "어떻게 하는 건데요?" "한 주일에 성경을 10장씩 읽고 오시면, 저는 1시간에서 1시간 반 성경을 해설하는 강의를 할 것입니다." 그날 교인들이 보여준 긍정적인 반응은 나를 흥분시키기 시작했다.

성서 연구다! 여기서 신앙의 돌파구를 찾아야 한다. 나는 그 다음 속회 심방에서도 성서 연구의 가능성을 타진하였다. 예상을 뒤엎고 여기저기서 긍정적인 반응들이 쏟아져 나왔다. 90년 역사의 교회가 가능성 못지않게, 높은 담을 쌓아온 이 교회 안에, 신앙의 새싹이 돋아날 것 같은 예감은 하나님께서 주시는 계시의 순간이었다. 이 날은 정동교회 부임 이후 몇 달 만에 찾아온 영혼의 호흡이고 숨소리였다.

그 후 나는 며칠을 서재에 앉아 성경 전체를 훑고, 서재에 쌓아 두었던 성서신학 서적들을 살핀 후, 1975년 5월 정기 임원회에 수요예배를 '수요성서 연구'로 전환하는 안건을 정식 의제로 올려놓았다. 그리고 수요성서 연구의 목적과 진행 방법까지 자세히 제시하였다.

이때 나는 수요예배를 수요성서 연구로 바꾸는 체제 변화에 대해 반론이 제기될 줄 알았다. 그러나 100여 명의 임원들은 "수요성서 연구"를 만장일치로 받아들였다. 이때 나는 또 한 번 놀라고 있었다. 영적 갈급함이 영혼 깊은 곳에 오랜 세월 잠겨왔음을 보는 순간이었다.

1975년 5월, 90년을 지켜온 예배 중심의 신앙 체계에서 이제 '주일 예배'와 '성서 연구'라는 신앙의 양대 '축'으로 전환하는 새 역사가 시작된 것이다.

신학적으로는 예배 - 레이투루기아(leitourgia)와 교육 - 디다케(didache)라는 신앙의 쌍벽을 이루는, 그래서 온전한 신앙으로 향하는 첫 단초가 시작되는 순간이었다. '신앙은 지식을 추구한다'(fides querens intellectum, faith seeking understnading)를 고백한 옛 성 안셀모(St. Anselm, 11세기 영국 캔터베리 대주교)의 신학적 지혜를 교회 현장에서 실험하고 구현하는 순간이었다.

그러나 문제는 나 자신이었다. 성경과 함께 걸어온 여정이었으면서도, 성경을 체계적으로 배운 일도, 가르쳐 본 일도 없었기 때문이었다. 이것은 지금도 계속되는 세계 모든 신학교육의 치명적인 오류이고 약점이다.

시카고 한인교회에서 시행한 성서 연구는 대화식, 토론식으로 귀납법적(inductive)이었지만, 여기서는 어쩔 수 없이 나는 가르치는 자가 되고, 교인들은 듣고 배우는 연역적(deductive) 방법을 쓸 수밖에 없었다.

주일 공동 예배 한번으로도 곤욕을 치르고 있던 때, 특히 20분 설교를 위해 20시간을 준비해야 하는 상황에서 준비 없이 출범하는 '수요성서 연구'는 나에게 큰 부담이 되었다.

그러나 모험을 결심한 나는 '수요성서 연구로의 초대'라는 초대장을 만들어 주일 예배순서 안에 끼우고, 두 주일에 걸쳐 전 교인을 향해 성

삶, 여정, 이끄심

| 수요성서 연구

서 연구의 목적과 의미 그리고 진행 방법을 설명하고 참여를 촉구하였다.

두 주 후 신청인은 고작 60명이었다. 이때 다소 실망한 나를 향해 아내가 한마디를 던졌다. 밤 예배 20명보다는 3배네요! 그때 나는 100명만 넘으면 무슨 일이 일어날 것 같은 기대를 가지고 있었다.

1975년 5월말 수요일 저녁 7시! 그날은 정동제일교회가 새로 태어나는 디데이(D-day)였다. 그런데 젠센기념관(당시 교육관)에는 예상을 뒤엎고 100여 명의 교인이 모여들었다. 100명 중 40여 명은 미등록 교인들이었다. 강당 입구에는 커피와 쿠키를, 무대에는 밝은 조명과 대형 화면을 그리고 슬라이드 프로젝트를 준비해 놓고 교인들을 맞이하였다.

수십 년 만에 밤에 만나는 정동제일교회의 교인들! 그들은 서로를 붙잡고 기뻐하는 모습이었다. 이때 나는 하나님의 기이한 역사를 감지하기 시작했다.

10분 기도회로 시작한 수요성서 연구 첫날, 나는 슬라이드 필름으로 '성경 형성사 1,000년'을 화면에 띄우고, 연사처럼 성경 형성사를 해설해 나갔다. 이때 교수의 '끼'가 살아나고 있었다. 100여 명의 교인들은 신기한 눈으로 지켜보며 해설을 경청하는 모습이었다.

수요성서 연구 첫날은 일대 성황이었다. 아내와 나는 정동제일교회 안에 잠겨있는 무섭고도 놀라운 잠재력의 한 단면을 보는 것 같았다. 놀라운 신앙의 유산을 가슴과 영혼에 지니고 있는 정동제일교회 교인들! 그러나 그 잠재력이 어떻게 하나님의 말씀과 만날 것인가가 관건이었다.

나는 버나드 앤더슨(Bernhard W. Anderson, 프린스턴신학교 교수)이 쓴 *The Unfolding Drama of the Bible*(1960년대 미국 대학생들의 성서 연구 가이드북)을 가지고 3개월 동안 구약과 신약을 관통하고 흐르는 '하나님의 구원사'를 8막의 드라마로 풀이하는 해설부터 시작했다.

해설은 최대한 비전문적인 언어로 진행했지만, 내용은 신학적일 수밖에 없었다. 그러나 모두 대졸 이상의 학력을 가진 정동제일 교인들은 구원사의 흐름을 함께 호흡하며 새로운 신앙의 세계를 바라보는 희열을 공유하기 시작했다.

주일 설교의 부담도 컸던 그때, 나는 모든 것을 옆으로 하고 화요일과 수요일(성서 연구 직전까지)을 성서 연구 준비에 집중하였다. 그것은 무엇보다 나 자신을 위한 것이었다.

앤더슨의 구원사 해설이 끝난 후 우리는 창세기 1장 1절부터 시작하는 성경통독으로 들어갔다. 모든 참여자는 한 주 평균 10장의 성경

본문을 정독(精讀)하고 성경 속의 뜻을 묵상하도록 요구하였다.

나는 '성경 본문'(text)을 중심으로, '역사적 배경'(context), '본문 해설'(text exposition) 그리고 '신학적 의미'(pretext)의 순으로 매주 수요일 1시간 반에서 때로는 2시간을 강의하였다. 한 강좌를 준비하는 시간은 평균 20시간 이상이 소요되었다.

오랜 기간 침체되었던 교회가 수요성서 연구라는 신앙과 대화의 '장'(場)이 열리면서 새로운 신앙의 호흡이 시작되고, 장안에 소문이 퍼지고, 정동제일교회는 신앙의 새로운 '추'를 찾기 시작했다. 그리고 수요성서 연구는 인도자인 나를 신앙적으로, 신학적으로 무너뜨리기 시작했다. 성경을 참고서로 하고, 신학을 형성해 오던 나는 서서히 "말씀에 붙잡힌 바 된" 신앙으로 바뀌고 있었다.

이 변화는 설교 준비에서도 나타났다. 그동안은 설교 제목을 미리 정해 놓고 성경은 참고서로 인용해 오던 설교 패턴이 깨지기 시작한 것이다. 나도 모르는 사이에 성경에서 시작하여 성경을 통하여 말씀하시는 하나님의 음성과 씨름하는 설교 패턴으로 변화하고 있었다 (이것은 설교를 잘했다는 의미가 아니다).

수요성서 연구는 중단 없이 3년 동안 계속되었다. 교인들의 변화도 감지되기 시작했다. 성서 연구에 참여하는 장로님들의 기도가 달라지기 시작한 것이다. 그래서 3년 동안 진행된 수요성서 연구는 하나님께서 행하시는 구원을 함께 호흡하는 정동인들의 신앙 순례가 되었다. 그리고 수요성서 연구는 정동제일교회를 신앙과 증인 공동체로 끌어올리는 주춧돌이 되었다. 무엇보다 수요성서 연구는 나의 신앙과 신학에 일대 변화를 가져오는 전환점이 되었다.

1978년 5월 마지막 수요일, 요한계시록을 마무리하는 그날은 120여 명의 정동인들이 함께 자축하는 수료식이 열렸다. 구약과 신약을 통독하고, 그 속에서 하나님의 구원을 순례한 신앙의 여정은 나와 정동인들이 잊을 수 없는 하나의 역사적 기억이고 사건이었다.

삶, 여정, 이끄심

23장

장기 선교 계획안

　수요성서 연구는 정동제일교회의 변화를 촉매하는 불꽃이 되고, 장로님들, 권사님들, 집사님들, 교사들, 청년들 그리고 밖에서 온 손님들(약 100여 명)이 뿜어내는 신앙의 열기는 정동제일교회를 서서히 생명이 약동하는 공동체로 도약시키는 동력으로 변화되기 시작했다. 그것은 목사의 리더십도, 성서 해설 때문도 아니었다. 그것은 온전히 성경을 통해 말씀하시고 다가오시는 하나님의 임재하심과의 만남 때문이었다.

　그때 나는 성서 연구에 이어 주일예배 설교도 목사의 일방적인 '선포'(Proclamation)가 아니라, '말씀의 증언'이어야 한다는 명제와 씨름하기 시작했다. '말씀의 증언'(witness to the Word)은 설교자 자신이 먼저 하나님 앞에 '용서 받은 죄인'(justified sinner)이라는 신앙고백에서 출발하는 것을 의미했다.

　그리고 1975년 5월, 수요성서연구와 때를 맞춰 주일예배도 예배신학에 근거한 예배예식으로 변경하였다. 이때부터 주일예배는 그리스도인은 예배 구경꾼이 아니라, 부름받은 그리스도인으로서 하나님 앞에 주체로 참여한다는 의미의 '공동예배'(共同禮拜, Corporate Worship)로 전환하였다.

1975년 6월, 모습을 드러낸 '주일공동예배'와 '수요성서 연구'는 정동제일교회의 신앙의 '축'(軸)을 예배와 교육으로 바꾸면서 서서히 온전한 신앙구조로 향하고 있었다. 이때부터 교회 분위기는 서서히 '어둠의 그늘'을 벗어나는 것 같았다.

담임목사로 부임한 3개월 이후, 석 달 안에 일어나는 이 변화의 조짐은 극히 조심스러우면서도 이미 선언한 5년 목회의 기반이 되고 있었다. 처음부터 장기적인 목회가 아니었기에 나의 목회는 단기적인 프로젝트가 될 수밖에 없었다. 내가 가진 것, 있는 것은 다 쏟아내야 하는 상황이 가속화되고 있었다.

바로 그때 강력한 영감 하나가 떠올랐다. 정동교회(貞洞敎會)의 체제 변화(體制變化)였다. 그러나 90년의 역사와 연륜을 가진 교회 체제를 바꾼다는 시도는 위험하고도 모험일 수밖에 없었다. 쉽게 접근할 수도, 해서도 안 되는 '타부'(taboo)라는 것도 잘 알고 있었다. 그럼에도 불구하고 이미 5년 후 떠나기로 약속하고 시작한 목회는 체제 변화에 목회의 생명을 걸어야 했다.

그때 한국교회는 '교회성장 신드롬'(church growth syndrome)이라는 '성장제일주의' 병에 깊이 빠져 있던 시기였다. 성장주의 환상 속에는 몇 가지 위기적 징후들이 깊게 스며들고 있었다.

칼 더들리 교수(Carl Dudley, 미국 맥코믹 신학교 종교사회학)는 이 징후를

삶, 여정, 이끄심

'교회성장이후'(after church growth)라고 경고하고 있을 때였다. 교회성장은 이미 끝났으며, 옛날식 교회성장론은 위험하다는 경고를 보내고 있었다.

나는 며칠을 두고 고민하고 또 생각했다. 그리고 1975년 7월 정기임원회에 안건으로 '전 임원수련회'를 올리고, 목적과 취지를 설명했다. 이름은 임원수련회였으나 속내는 정동제일교회 체제변혁이었다.

90년 동안 단 한번도 경험해 보지 않았다는 임원수련회는 임원 모두에게 작은 충격이었다. 그러나 목사의 제안은 만장일치로 받아들여지고 그 자리에서 준비위원들을 선출하였다. 준비위원회는 장로님 몇 분, 권사님 몇 분, 집사대표 몇 사람 그리고 청년대표, 교회학교 교사, 성가대 대표들이 포함되었다.

1975년 8월 초 어느 목요일 저녁 8시, 나는 준비위원들을 목사관 2층 서재(당시 교회 구내에 있는 목사관)로 초대하고 첫 모임을 가졌다. 장로님들, 청년들이 모두 참여하였다.

그런데 회의를 시작하기 전, 차를 마시는 동안 청년들이 장로님들을 향해 포문을 열었다. 정동제일교회의 긴긴 침체는 장로님들의 직무유기에서 온 결과라는 선전포고였다. 뜻밖의 도전에 마주친 장로님들은 변명에 나섰지만, 한번 포문을 연 젊은이들의 항변은 막을 길이 없었다.

이렇게 시작된 언쟁 아닌 언쟁은 밤 10시까지 계속되었다. 그때 나는 처음으로 꾸밈없는 정동제일교회의 산 역사, 숨은 비화를 들을 수 있었다. 몇 권의 책을 읽는 것보다 더 살아있는 역사였다.

밤 10시까지 논쟁이 계속되자 (당시 12시는 통행금지시간) 언제 회의를

| 1975년 정동제일교회 제1회 임원수련회

시작하느냐고 한 분이 물었다. 그때 나는 "오늘은 이것으로 그치겠습니다. 그러나 오늘 함께 나눈 이야기들이 이번 수련회의 소중한 주제들입니다"라고 답하고 다음 준비 모임에는 오늘 나눈 이야기들을 '주제화'할 것을 제안하고 마무리하였다.

그 후 준비위원회는 2, 3, 4차 모임을 소화해 냈다. 주제 설정, 일정 그리고 진행 준비는 완벽에 가까웠다. 이 준비 과정 자체가 경험이고 교육이었다.**

1975년 10월 23일(금) 오후, 130여 명의 임원들은 교회가 대절한 버스로 소사(지금의 부천) 소재 YWCA 버들캠프에 도착했다. 90년 만에 처음 가진다는 임원수련회, 더욱이 교회 밖 캠프장에서 가지는 수

** 나는 지금도 이 경험을 실천신학대학원대학교 강의의 중요한 사례로 인용한다.

| 1975년 정동제일교회 제1회 임원수련회

련회는 임원들을 한껏 흥분시켰다.

　오후 4시 임원 130명은 강당에 모여 개회예배를 드리고 주제 강연을 들었다. 주제는 '정동제일교회의 어제와 오늘 그리고 내일'이었다. 강사는 당시 감신대 학장이셨던 홍현설 박사님이셨다. 강연은 명강연이었고, 임원들 모두 정동제일교회의 역사를 돌아보고, 미래를 꿈꾸는 역사적 순간이었다.

　그리고 저녁만찬을 함께 하였다. 이어 7시 30분, 우리는 강당에 모여 포크 댄스를 시작했다. 젊은이, 노인, 장로님과 집사님, 남자와 여자가 함께하는 포크 댄스는 무려 2시간 계속되었다. 생전 처음으로 춤을 추는 임원들의 입에서는 웃음이 터져 나오고, 그동안 쌓였던 담들은 자연스럽게 용해되고, 분위기는 최고조로 치솟았다.

　밤 10시 집행부는 임원들에게 세 가지 선택을 제시하였다.

1. 뒷산에 마련된 자리에서 기도할 수도,

2. 침실에서 잠을 잘 수도,

3. 식당 테이블에 둘러 앉아 대화를 나눌 수 있도록 하였다. 식당 테이블에는 과일을 준비해 두었다.

그날 밤 임원 90%는 식당 테이블에 둘러 앉아 새벽 2~3시까지 서로 웃고, 서로 우는 이야기로 밤을 지새웠다. 이때 '자연 그룹 치유'(natural group healing)가 일어나고 있었다.

그다음 날, 1975년 10월 24일, 토요일은 유엔데이(UN Day), 공식휴일이었다. 아침 7시 아침식사가 끝나고 아침 기도회가 있은 후 130명은 다시 강당에 모였다. 이 날은 지난날의 정동제일교회를 성찰하고 미래를 향해 새로운 체제를 창출해 내야 하는 역사적인 날이었다.

첫 모임은 담임목사의 '발제 강연' 시간이었다. 담임 9개월 만에 가지는 최초의 강연, 더욱이 정동제일교회를 진단하고 미래 비전을 제시하는 민감한 시간이었다.

나는 그동안 보고 느낀 정동제일교회의 유산과 잠재력 그리고 가능성을 두고 강의의 90%를 할애하였다. 그리고 10%를 미래 청사진에 바쳤다. 처음 한 정책 강연이었기에 많이 조심스러웠다.

그리고 강연이 끝난 후 티타임에 이어 130명은 10개의 소그룹으로 나뉘고, 각 그룹은 공통주제 "정동제일교회의 어제, 오늘 그리고 내일"을 토론하고, 이어 분야별 주제인 '예배', '교육', '속회', '선교', '교회학교', '재정시스템'을 주제로 토의에 임하도록 그룹화하였다.

그룹 토의는 오전 10시 30분에서 오후 5시까지였다. 사회를 맡은

삶, 여정, 이끄심

장로님과 기록을 맡은 청년은 중요한 의제만을 기록하도록 훈련되어 있었다.

그러나 오후 5시에 끝난 그룹은 하나도 없었다. 그동안 밀렸던 이야기, 하고 싶었던 이야기, 정동제일교회가 가야할 방향을 숨김없이 쏟아내고 있었다.

5시에서 6시 사이 사회를 맡았던 장로님과 기록을 맡았던 청년들은 토의된 내용을 정리하여 보고서를 만들었다. 오후 6시 공동식사가 시작되었다. 그러나 한 사람도 지치거나 피곤한 기색을 보이지 않았다. 얼굴에는 희열과 기쁨의 빛이 역력하였다. 7시 30분, 나는 사회석에 앉고 모든 임원은 둥근 원으로 자리했다. 그리고 1그룹으로부터 10그룹까지 대표들은 토의된 이야기를 발표하였다.

발표를 경청하는 임원들의 얼굴에는 긴장감이 흘렀다. 과감한 체제변화를 열망하는 소리가 발표 속에 깊숙이 흐르고 있었기 때문이었다. 한 그룹의 보고가 끝날 때마다 임원들은 박수로 화답하고, 나는 서면으로 된 보고서를 한 장씩 한 장씩 소중히 쌓아 갔다. 수련회는 이 소리들을 듣기 위한 모험이었으며, 보고서는 황금보다 더 소중한 정동인의 소리를 담은 그릇이었다.

저녁 9시, 우리는 30분 동안 찬송가를 큰 소리로 합창하였다. 9시 30분, 최고령 장로님이 맨 앞줄에 서서 횃불을 들었다. 그리고 130명은 한 줄로 서서 장로님을 따라 산중턱에 마련된 캠프파이어 장으로 향하였다.

산중턱에는 캠프파이어와 성만찬을 위한 돌단이 준비되어 있었다. 캠프파이어 불은 타오르고, 원을 그린 130명은 손에 손을 잡고 타오르는 불을 바라보며 조용히 찬송을 부르기 시작했다.

나는 부목사님과 함께 돌로 된 성찬대에서 12명씩 차례로 성만찬을 분급하였다. "이것은 그리스도의 몸입니다." "이것은 그리스도의 피입니다." 떡과 포도주를 먹고 마시는 순간 모두는 하염없이 눈물을 흘리고 있었다. 밤 11시 30분, 캠프파이어 곁을 떠나는 사람은 아무도 없었다. 우리 모두는 타고 있는 불을 지켜보면서 하나님 앞에 기도하고 있었다.

1975년 10월 25일은 주일이었다. 아침식사, 아침기도회가 끝나고 우리는 대절한 버스를 타고 교회로 돌아왔다. 그리고 11시 주일공동 예배를 드림으로 임원수련회 모든 일정을 마무리하였다.

그런데 이상한 일이 일어나기 시작했다. 그토록 냉소적이고 무관심했던 정동교회 임원이 아니었다. 사랑과 헌신 그리고 열정적인 신앙인들로 변하고 있었다. 이것은 그 누구의 영향도 아니었다. 담임목사의 영향은 더더욱 아니었다. 성령의 역사였다. 나는 성령의 역사를 이렇게 경험하고 있었다.

수련회는 상상을 초월한 일대 성공이었다. 그리고 나는 며칠을 서재에 엎드려 수련회에서 나온 이야기들, 특별히 보고서들을 공부하기 시작했다. 보고서는 내가 말하고 싶은 이야기들을 다 담고 있었다. 다만 평신도의 언어로 표현된 것뿐이었다.

1975년 11월, 나는 정기 임원회에서 수련회의 보고를 있는 그대로 복사하여 배포하였다. 그것은 2박 3일 동안 130명이 쏟아낸 정동인의 목소리이고 미래 청사진이었다.

그리고 정동제일교회의 장기선교계획의 청사진을 그리기 시작했

다. 선출된 16명의 위원들과 나는 「장
기선교계획안」 초안 작성에 들어갔다.
초안에는 나의 교회론과 선교신학 그
리고 목회론이 반영되었다.

| 장기선교계획안

1975년 12월 7일 주일 오후에 정기
임원회는 도시락으로 점심을 먹으며,
제출된 「장기선교계획안」을 확정짓는
축조심의에 들어갔다. 이것은 정동제
일교회의 체제변화의 첫 걸음이었다.

주일 오후 4시 '안'(案)은 통과되고
"정동제일교회 장기선교계획안"이 확정되었다. 정동제일교회의 '마스
터 플랜'(master plan)을 놓은 것이다.

1976년 1월, 장기선교계획안은 인쇄에 들어갔다. 그리고 2월 1일
11시 주일공동예배는 "장기선교계획"을 하나님께 봉헌하고, 교회는
이 약속을 성실히 이행할 것을 결단하는 예배를 드렸다. 이 날은 내가
정동교회에 부임한지 꼭 1년이 되는 주일이었다.

그 후 정동제일교회는 선교 계획에 따라 '예배 변화', '교육 개혁', '속
회의 선교화', '선교의 구조화' 그리고 '행정과 재정의 지원체제'까지 과
감히 변화해 나갔다. 그리고 교인들의 참여는 뜨거운 열정과 헌신으
로 이어졌다.

그러나 우리는 몇 가지 시행착오도 겪어야 했다. 이 과정을 거치면
서 나는 소중한 교훈 하나를 얻었다. 한 교회의 변화는 (큰 교회이든 작은
교회든) 목회자의 주도적 리더십에 있지 않다는 교훈이었다.

목회자는 '촉매' 내지는 '통로' 그 이상이 되어서는 안 된다는 교훈이었다. 교회의 변화는 신자 한 사람 한 사람이 서 있는 삶과 신앙의 자리에서 출발해야 한다는 교훈이었다.

그리고 목회자는 다양한 소리들을 묶어 하나의 종합예술로 창출하는 '오케스트라 지휘자'(orchestra conductor)가 되어야 한다는 교훈이었다. 이 경험은 나의 목회신학 형성에 신학적 근거가 되었다.

| 정동제일교회 외부

| 정동제일교회 내부

삶, 여정, 이끄심

24장

선교100주년기념교회 건축, 감리교의 재통합

　1976년 2월 첫 주일, 정동제일교회는 '장기선교계획'을 선포하고, 이어 교회 구조를 '모이는 교회'(gathered church)와 '흩어지는 교회'(dispersed church)로 전환하는 체제 변화를 단행했다. 이 교회론은 당시 WCC(세계교회 협의회)가 추구하던 선교신학에 근거한 사상이었다.

　모이는 교회는 '주일공동예배'의 심화, '젊은이 예배강화', '대화예배 신설'(주일 오후)를 시작으로 '수요성서 연구 강화', '속회 선교화', '신앙 강화주간 설치', '교회학교 강화', '임원수련회의 정례화'를 포함했다.

　흩어지는 교회는 몇 가지 프로젝트(project)를 통해 하나님나라를 이 땅에 구현하는 선교적 소명을 구현하는 데 있었다.

1. 처음 중요 프로젝트는 '기도하는 집'(House of Prayer)이었다.

　교회 본당(문화재 예배당)은 월요일부터 토요일까지, 매일 12시에서 1시 반까지 개방하여 누구나 들어와 묵상하고 기도할 수 있는 '집'이 되었다.

2. 두 번째 프로젝트는 '배움의 집'(House of Study)이었다.

고등학교 입학 검정고시를 목표로 연 '야학학교'(夜學學校)인 배움의 집은 특별히 근로청소년들을 위해 창안된 프로젝트(project)였다.

이때 배움의 집은 본당(문화재 예배당)을 개방하고, 자원한 교회 청년들(검사, 교사, 직장인 등)이 국어, 영어, 수학을 가르쳤다.

1977년에는 434명의 근로청소년들이 모였으며, 10년간 계속된 배움의 집은 1,000여 명의 졸업생을 배출하였다.

3. 세 번째 프로젝트는 '사랑의 집'(House of loved)이었다.

영등포 신림동에 사회봉사기관을 설립했으나, 경험 부족으로 실패한 프로젝트가 되었다.

4. 개척교회 설립

5. 교도소, 양로원, 고아원, 군목 지원

6. CBS 라디오 방송

이때부터 모든 정동인은 모이고 흩어지는 선교 구조에 한 가지 이상 참여하는 선교인이 되어야 했다. 교회의 행정과 재정은 모이고 흩어지는 교회를 지원하는 체제로 전환하였다.

삶, 여정, 이끄심

이 체제전환은 어떻게 한 교회가 선교공동체로 전환하고, 모든 잠재력을 선교를 위해 '동력화'(動力化)할 수 있는가를 시험하는 한 사례가 되었다.

　이때 나는 시행착오 하나를 범하고 있었다. '평신도신학과 사역'을 근간으로 하는 신학적 의미와 훈련을 건너뛴 과오를 범했다. 성급함 때문이었다. 신학훈련이 전제되지 않은 평신도사역은 또 하나의 프로그램으로 전락한다는 교훈을 배웠다.

　그러나 이때 정동인들의 열정은 하늘을 찌르고, 선교계획에 따른 체제전환은 막혔던 담을 거두고, 교회는 하나님나라를 위해 부름 받고, 세움 받아 다시 세상으로 보냄 받는 하나님의 공동체라는 인식이 확산되었다. 그것은 온전히 하나님의 역사하심이었다.

　그리고 1976년 100여 명이 모이는 '대학생 목요집회'(1976. 3. 7.), '정동교회 90년사 편찬위원회' 편찬 작업(1976. 3. 14.), '목회 – 선교담당목

| 1976년 교육신학 출판기념회 서울 YMCA 강당

사인 백구영 목사와 교육행정담당목사인 강천목사의 영입(1976. 4. 4.) '100주년 기념교회 건립위원회' 강화(1976. 7. 18.), 연 1회 '400여 명이 참여하는 평신도대학'(1977. 2. 21.~25.) 그리고 서대문 지역에 소재한 정동제일교회, 서소문 장로교회, 덕수장로교회, 성공회, 구세군이 함께 여는 국제기도의 날'(1977. 3. 4.) 등 큰 변화의 흐름이 이어졌다.

그 사이에 나는 중요한 학문적 업적 하나를 세상에 내놓았다. 5~6년의 각고 끝에 나의 첫 작 『교육신학』이 출판된 것이다.

1976년 4월 23일, 서울 YMCA 강당에서 열린 출판 기념회에는 100여 명의 축하객들이 출판을 축하해주셨다. 그리고 1977년 (이듬해) 7월 16일 『교육신학』은 기독교서회의 저작상을 받았다.

그리고 1977년 10월 9일 정동제일교회는 교회창립 90주년 기념예배를 하나님 앞에 드리는 감격적인 순간을 맞이하였다. 기념예배에는 김종필 감독님, 백낙준 박사님(연세대 명예총장), 김옥길 박사님(이화여대 총장)의 축사와 함께 감리교회와 여러 교단 지도자들이 참여해 빛을 더해주었다.

이날 『정동제일교회 90년사』가 발간되고(당시 UN참사관이던 이시영 권사 - 후일 장로의 자료수집과 감신 송길섭 박사 집필), 저녁에는 기념음악회와 기념강연이 90년 역사를 빛내주었다.

이날은 정동제일교회의 축제일이었으나, 나는 정동 90년이 갖는 역사적 - 신학적 의미를 성찰하고, 선교 100주년을 향한 신앙적 도약을 꿈꾸고 있었다. 그러나 이때 감리교회는 분열의 아픔을 안고 온 교회가 진통하고 있을 때였다.

문제는 그다음이었다. 예상하지 못했던 '100주년 기념교회 건축' 문

삶, 여정, 이끄심

제가 갑자기 부상한 것이다. 1975년 부임할 때부터 계속 압력 아닌 압력으로 다가온 건축 문제는 정동제일교회의 오래된 숙원이었지만, 가능한 한 피하고 싶었던 과제가 교회 건축이었다. 그래서 건축위원회는 나의 무관심을 비꼬기까지 했다.

| 정동제일교회 90년사

건축을 피하고 싶었던 이유는 세 가지였다. 첫째는 선임 목사님들이 만들어 놓은 교회 모형도가 마음에 들지 않았다. 둘째는 건축기금이 전무한 상태였다. 셋째는 나 자신이 건축에 대해 문외한(門外漢)이기 때문이었다.

그러던 1977년 이른 봄 어느 날 갑자기 서울시가 일방적으로 MBC 사옥(당시 정동제일교회 입구)에서부터 이화여고 담벽에서 정동제일교회 담을 타고 배재고교 정문까지 도로확장 공사를 감행하면서 교회 담을 모두 헐어 버렸다. 후일에 안 일이지만, 이 도로 확장은 MBC와 서울시의 밀약으로 이루어진 작품이었다.

졸지에 교회 본당과 교회 구역 안에 있던 목사관은 길 위로 드러난 벌거벗은 몸이 되었다. 어찌할 바를 모르던 중 1977년 4월 3일, 문화재청으로부터 공문 하나가 날아왔다. 정부에서 '정동제일교회 본당을 문화재'로 지정한다는 공문이었다.

이는 참으로 기묘하고도 신비로운 순간이었다. 당시 정동제일교회는 교회 건축을 앞에 두고, 교인이 반반(半半)으로 의견이 상충되어 있던 때였다. 교회 본당을 헐고 그 자리에 새 교회당을 건축하자는 주장과 교회당을 그대로 보전해야 한다는 주장이 첨예하게 대립하고 있었다.

이때 진퇴양난에 낀 사람은 담임목사였다. 바로 그때 날아온 정부의 '문화재' 지정은 한순간에 모든 갈등을 자연스럽게 해소시켜 주었다. 교회당은 문화재로 지정이 되고, 교회와 목사관은 길거리에 나앉은 상황에서 남은 선택은 하나뿐이었다. 그토록 피하고 싶었던 건축이지만, 한번 도전해 보자는 쪽으로 마음을 바꾸기 시작했다.

그러나 건축기금이라곤 고작 3천만 원이 전부, 그렇다고 독지가가 나올 수 있는 교인 구성도 아니었다. 이때 나는 조용히 이건영 권사님(후일 장로 - 당시 인하대 건축학과 교수)을 만나 자문을 구했다. 이 교수는 우선 건축위원을 네 팀으로 나누고, 네 팀은 장안에 소문난 교회 건축물들을 조사하는 작업부터 시작하자고 제안했다.

나는 한 팀과 노량진장로교회를 찾았다. 당시 림인식 담임목사님의 안내로 우리는 노량진교회의 안과 밖을 세심히 살필 수 있었다. 부지의 악조건을 잘 살려낸 이 교회는 우리에게 깊은 인상을 남겼다. 여러 현장을 방문하고 돌아온 다른 위원들과의 협의의 결론은 노량진교회를 설계한 '정림건축'으로 압축되었다.

정림건축은 김정철 회장(후암장로교회 장로)와 동생 김정식 사장이 운영하는 회사였다. 우리 위원들과 정림건축은 머리를 맞대고 새 교회당의 철학부터 논의하기 시작했다. 회중 중심의 내부 구조, 제단과 강단 외의 모든 좌석은 회중석과 같은 선상에 둘 것 그리고 본당 밖 로비와 교제실과의 연계성, 교육 중심의 공간 등을 중요 의제로 논의하

삶, 여정, 이끄심

였다.

그리고 한 달이 흘렀다. 그 사이 나는 건축의 큰 걸림돌이었던 '젠센기념관' 철거를 위해 Mrs. Jensen(당시 미국 거주)에게 정중한 글을 드렸다. Mrs. Jensens은 기념관 철거를 흔쾌히 허락해 주셨다. 우리는 감사의 표현으로 새 교회당 안에 젠센홀(Jensen Memorial Hall)을 지정하였다.

두 달 후 어느 날, 정림건축 김정식 사장은 건축위원 20여 명을 삼청동 스테이크 집으로 초대해 저녁을 대접한 후 우리를 종로 5가 정림빌딩으로 안내하였다.

천장에서 비추는 불빛 하나만 있는 어두운 방으로 우리를 안내하였다. 그 안에는 검은 천으로 덮은 큰 탁자가 있었다. 천을 걷는 순간, 그 속에 숨어있던 하얀 플라스틱의 새 교회당 모형이 모습을 드러냈다. 일종의 마술 전략 같은 것이었다. 이를 본 위원들은 환호성을 올렸다. 그리고 김 사장은 교회 모형 해설을 극적으로 마무리하였다.

그러나 이때 유독 한 분만은 이 모형을 세심히 살피고 계셨다. 이분은 이화여고의 신화적 존재인 신봉조 장로님(이화여고 교장, 이사장 – 유관순 기념관 디자이너)이셨다. 이때 김 사장과 스태프들은 갑자기 긴장하기 시작했다.

20분쯤 뒤 신 장로님이 '좋습니다' 하는 말씀 한마디에 모두는 웃음으로 화답했다. 이렇게 정동제일교회 100주년 기념교회는 모형화되고 설계되었다.

그리고 본격적인 진통이 다가왔다. 6억 건축비 공사에 모아진 헌금은 3천만 원, 이 상황에서 어떻게 시공사를 선정하느냐의 문제였다.

이때 나는 솔직히 요나가 도망쳤던 '다시스'로 도망치고 싶었다. 그러나 하나님의 계획은 달랐다. 갓 사업을 시작한 대우건축(김우중 회장)이 자청하고 나선 것이다. 거기에는 전인항 권사님(김우중 회장의 모친 - 본교회 원로권사)의 기도와 권유가 크게 작용하였다. 총 건축비 6억 중 1억을 대우건축이 헌금한다는 전제였다.

1977년 10월 17일 아내와 나는 화곡동에 집을 마련하고, 정동 목사관을 떠나 이사를 하고, 교회는 건축을 위한 비상체제에 돌입했다.

그리고 1977년 11월 6일 주일공동예배가 끝난 후 우리는 '선교 100주년 기념교회' 착공식을 가졌다.

착공식은 10여 년 만에 일궈낸 정동제일교회의 꿈의 실현이고, 이때부터 교회는 모든 에너지를 건축에 집중하기 시작했다. 이때부터 서서히 건축헌금은 쌓이기 시작하고, 20여 속회와 여 선교회는 건축기금 만들기에 총력을 기울였다.

이때 나는 의식적으로 건축헌금 약정도, 광고도 하지 않았다. 강요 없는 교회 건축을 하고 싶었다. 그러나 장로님들은 내심 걱정하고 있었다.

1977년 11월에 시작한 교회 건축은 1979년 4월 15일 봉헌까지 18개월간 진행되었다. 이 과정에는 마종승 권사님(이시영 장로의 장인어른)의 헌신(보수 없는 현장감독)이 숨어 있었다.

18개월 동안 교회 건축이라는 대역사와 비상체제하에서도 한번 정한 장기선교계획에 따른 신앙적 - 선교적 소명은 계속 살아 움직이고 있었다.

하지만 이 과정에서 나는 많이 지쳐 있었다. 솔직히 긴긴 고독과의 외로운 싸움의 연속이었다.

삶, 여정, 이끄심

1977년 12월 9일, 연세대학교 교수이신 한태동 박사님과 문상희 박사님이 교회를 방문하셨다. 감신 교수 시절 연합신학대학원 파송 교수로 나갔을 때 사랑을 주셨던 두 선생님이셨다. 우리는 MBC 사옥으로 자리를 옮기고 함께 식사를 나눴다. 그리고 차를 마시는 때였다. 이때 문상희 박사님께서 충격적인 제안을 해 오셨다. "연세대학교 교수로 초빙하고 싶다"는 말씀이었다. "꼭 올 수 있으면 좋겠습니다." 옆에서 한태동 박사님이 훈수를 띠우셨다. 그 순간 나는 아찔한 충격에 휩싸였다. 연세대학교 출신도 아니고, 특별한 인연도 없는 나에게 교수직 청빙은 뜻밖의 일이었다.

나는 잠시 숨을 고르고 정중히 말씀을 드렸다. "부족한 저에게 교수직 청빙은 큰 영광입니다. 그런데 교회가 막 건축을 시작했습니다. 이대로 떠날 수가 없는 상황입니다"라고 답하였다. 그러나 속으로는 너무도 소중한 기회를 놓치고 있다는 아쉬움이 나를 지배하고 있었다.

그리고 몇 분의 침묵이 흘렀다. 문 박사님이 말문을 다시 여셨다. "건축이 언제 끝납니까?" "1978년 말 예정입니다." "그러면 1979년 봄 학기에는 올 수 있겠네요. 그때까지 기다리겠습니다." 두 선생님의 결심은 분명하고도 단호했다. "감사합니다. 저도 기도하겠습니다." 그리고 우리는 헤어졌다.

이것이 무슨 일인가? 내가 희망한 것도, 노력한 것도 아닌 일이 또 일어나고 있었다. 그러나 나는 하늘을 날아가고 있었다. 그렇지 않아도 전공분야에서 한참 뒤지고 있다는 위기의식이 팽배하던 때였다. 이때 나는 터널 끝에서 다가오는 빛을 보고 있었다. 건축이 끝나고 교수로 돌아간다.

연세대 청빙은 새로운 활력으로 다가와 나의 마지막 목회 여정을 떠받치기 시작했다. 그날 저녁 나는 이 소식을 아내에게만 알렸다. 아내도 많이 기뻐했다. 그러나 이 일은 끝날 때까지 지켜야 할 우리 둘만의 비밀이었다.

그리고 1978년 3월이었다. 건축이 한창 진행되고 있던 어느 날, 교회사무실로 전화가 걸려 왔다. 당시 총리원(법통) 선교국장, 김준영 목사님의 전화였다. 감신 선배셨던 김 목사님은 "은 목사, 감리교회의 통합을 위해 은 목사가 나서야 하지 않겠소?"라고 하셨다. 놀란 내가 "네? 제가요?"라고 대답했더니 "중재 역할을 해야 할 것 같소"라는 말씀을 해오셨다. "아니, 목사님, 제가 무슨 권한으로 그런 일을 할 수 있겠습니까? 못 합니다. 저는 절대로 못 합니다." 나의 대답이었다.

그 순간 그동안 총리원으로부터 당한 수모와 상처가 회오리처럼 내 머릿속을 스쳐 지나갔다. 정동제일교회가 중립을 선언했다는 이유로 건축에 필요한 재단 인장을 찍어 주지 않아 교회는 1억 원에 가까운 손해를 보고 있던 때였다.

그러나 김 목사님은 전화를 끊지 않고 설득 겸 경고 섞인 말을 이어갔다. "은 목사가 지금 나서지 않으면 감리교회는 영원히 분열이라는 상처를 입어요. 그래도 좋겠소?" 마지막 통보 같은 것이었다. 나는 또 다른 고민에 빠져들었다.

긴긴 기도와 고민 끝에 나는 피차 껄끄러운 김창희 감독(법통 - 총리원)과 조피득 목사님(갱신총회 총회장)을 서울 YMCA 이사장실(당시 정동제일교회 김용우 권사님 - 국방장관 역임 - YMCA 이사장)로 모시는 일에 성공하였다.

당시 45살의 젊은 목사, 은준관은 가운데 앉고, 두 어른은 서로 마주 앉게 했다. 내 뒤에는 박민수 목사와 강병훈 목사 두 증인이 앉아 있었다.

먼저 정중히 인사를 드리고 두 어른에게는 상호 악수를 부탁드렸다. 그러나 두 목사님은 악수를 거부하면서 분위기는 처음부터 만만치가 않았다.

당돌하지만 모신 목적을 말씀드리고 두 어른의 화해와 감리교회의 재통합을 호소하였다. 그러나 무려 두 시간 동안 두 목사님은 상대방을 향해 "너 때문"이라는 말만 반복할 뿐, 가능성이 전혀 보이지가 않았다.

두 시간이 지나면서 나는 화해의 불가능성을 감지하고 최후의 통첩을 드렸다. "감독님, 총회장님, 화해와 통합은 어려울 것 같습니다. 오늘 모임은 이것으로 끝내겠습니다. 다만 한 말씀만 드리겠습니다. 두 목사님은 감리교회의 영원한 분열에 책임을 지셔야 합니다. 저는 여러 신문에 이렇게 쓰겠습니다." 그리고 나는 벌떡 일어섰다.

깜짝 놀란 두 목사님은 "은 목사, 모임이 결렬된 것은 아니오"라고 소리를 높였다. "그렇다면 두 목사님은 통합을 원하시는 것입니까?" "그렇소." "그러시다면 두 목사님은 통합을 위해 악수부터 하십시오. 세부적인 절차는 양쪽 위원회에 맡기십시오." 이때 두 목사님은 일어나 악수하였다. 믿을 수 없는 일이 일어나고 있었다. 분열된 지 4년 만에 감리교회가 다시 하나가 되는 감격의 순간이었다.

YMCA 1층 커피숍에서 초조히 기다리고 있던 김준영 목사님이 달려왔다. 그 후 양측 위원회는 통합절차를 마무리하고, 1978년 5월 24

일 감리교 통합을 선언하는 선교대회를 거쳐 1978년 10월 26일 배화여고 강당에서(그것도 내가 주선한) 통합총회를 열어 다시 하나가 되는 역사적 계기를 맞이하였다. 졸지에 중재자가 된 나는 당시 총대가 아니었는데도 한 시간 '특강'을 하는 영예를 가졌다.

이때 결의된 것이 '임기 2년 다원제 감독제'(교회 담임을 겸한)와 '평신도국'의 신설이었다(이것은 1971년 감리교갱신위원회가 제시한 '갱신백서'의 내용이었다).

1978년 건축이 한참 진행되는 그때도 수요성서 연구는 만 3년을 한 사이클(cycle)로, 5월 28일 신구약통독 성서 연구를 마무리하였다.

1975년 5월 7일에 시작한 수요성서 연구는 1978년 5월 28일 새 하늘과 새 땅을 소망하면서 긴긴 구원순례의 여정을 마무리하였다. 이 순례 경험은 정동제일교회와 내가 영원히 잊지 못할 신앙의 회심(메타노이아, metanoia)이 되었다.

| 새 교회당 입당 예식

그러는 동안 연세대학교 신과대학은 나와의 약속을 성실히 지켜 주었다. 한태동 박사님과 문상희 박사님은 모든 행정절차를 꼼꼼히 챙기셨다. 그래서 나는 1979년 2월 연세대학교 신과대학 기독교교육학 교수로 임명이 되었다. 그러나 이때까지 나는 이 사실을 교회에 알릴 수가 없었다. 건축이 아직

삶, 여정, 이끄심

완공을 이루지 못했기 때
문이었다.

그런데 비밀이 탄로나
고 말았다. 1979년 1월 연
세대 이사회에 참석하셨던
신봉조 장로님(당시 연세대
이사)이 신임교수 명단 맨
앞에 은준관이라는 이름
을 보신 것이다. 그리고 주
일 예배 때 신장로님은 '쪽
지'를 돌리셨다. 은 목사가
3월에 연세대학교 교수로
간다는 쪽지였다.

| 새 교회당 입당 예식

소문은 순식간에 퍼지고 나는 장로님들로부터 적지 않은 항의를
들어야 했다. 하는 수 없이 나는 교수 부임을 1979년 가을학기로 연
기하였다. 연세대학교는 이 일에도 관용적이었다.

그리고 나는 건축 마무리에 총력을 기울였다. 김우중 회장님과 김
덕중 박사님(김우중 회장의 형)은 1억을 추가로 헌금하면서(대우가 2억을,
정동교회는 4억 5만원을) 숙원이었던 선교 100주년 기념교회를 1979년 4
월 15일, 부활주일 오후 3시 하나님 앞에 봉헌하는 역사적 계기를 맞
이하였다.

그날 저녁예배는 성가의 밤으로, 17일에서 19일은 특별 사경회로,
조영남 선생 초청자선음악회(은평구 결핵 환자촌 지원)로 열렸다. 정동제

일교회의 역사적 건축과 함께 새 시대에 꿈을 주시는 하나님 앞에 감사하는 축제들이었다.

그다음 주일 공동예배는 1,000명이 넘는 예배자들로 새 교회당을 가득 메웠다. 이것은 온전히 하나님의 은혜이고 축복이었다.

이미 연세대학교 교수로 임명된 나는 나머지 4개월, 1979년 4월에서 8월을 이임 준비에 할애했다.

짧고도 긴 정동교회의 4년 반 목회! 정동제일교회의 변화가 있었다면, 그것은 온전히 하나님의 은혜에서 온 축복이었다. 그리고 더 큰 축복을 받은 사람은 나 자신이었다. 내 신앙과 신학은 더 이상 책상과 책에서 나오는 신학이 아니었다. 현장의 신학(theoria/praxis)으로 바뀌고 있었다.

1979년 8월 12일, 나는 많은 사랑의 빚을 진 정동교회를 뒤로하고, 연세대학교라는 새로운 세계를 향해 떠났다. 이것은 1975년 하나님과 약속했던 5년 목회를 하나님께서 지켜주신 축복이었다.

| 1979년 8월 정동제일교회 이임 예배

삶, 여정, 이끄심

연세대학교

1979~1999

25장

연세대학교 신과대학 교수
그리고 교목실장

1979년 8월 나는 숨이 차도록 달려온 정동제일교회 목회 5년을 마무리하고 연세대학교 교수로 부임하였다. 그러나 나의 이임은 정동제일교회와 많은 이들에게 작은 충격이었다.

선교100주년기념교회당까지 건축하고, 예배 인원이 1,000명으로까지 근접한 교회 담임목사직을 사임하고, 아무리 연세대학교라 하더라도 하나의 교수직으로 자리를 옮겼다는 것은 많은 추측을 불러오기에 충분하였다. 그래서 한 젊은 목회자는 나를 '도피자'로 표현하기도 했다. 젊은 나이에 감당하기에는 너무도 버거웠던 것은 사실이었다.

그러나 진작 충격을 받은 것은 나 자신이었다. 연합신학대학원 파송 교수(감신으로부터) 외에 아무런 인연도 없는 연세대학교의 교수가 되어, 낯선 학교 연구실로 출퇴근하는 내 모습은 신비에 가까운 것이었다. 그리고 온종일 전화 한 통 없는 고독한 연구실 그리고 5년 동안 손을 놓았던 내 전공을 어디서 어떻게 풀어야 할지도 캄캄하였다.

정동제일교회 목회 5년이 '군중 속의 고독'(loneliness in the lonely crowd)이었다면, 연세대 연구실은 '고독 속의 고독'(loneliness in the loneliness)이었다. 그러나 다른 한편 5년 만에 가지는 해방감과 자유는 하루가 다르게 내 몸과 영혼을 '고독'(loneliness)으로부터 '창조적 고독'(solitude)으로 바꾸고 있었다.

그때 한태동 박사님, 문상희 박사님, 민경배 박사님을 위시한 신과대학 교수님들의 따뜻한 배려는 큰 위안과 용기의 기저가 되었다. 그리고 수업에서 처음 만난 2학년 학생들의 남다른 호응은 나의 학문성을 되찾는 데 중요한 계기를 마련해 주었다. 정종훈 박사(연세대 교목실장), 임화식 목사(순천중앙교회 담임), 정연지(독일 체류)는 기억에 남는 학생들이었다. 그래서 1979년은 내 생애에서 잊을 수 없는 한 해가 되었다.

그러나 1979년 가을, 박정희 대통령 시해, 정동제일교회 교인이었던 차지철 경호실장의 죽음, 군대의 비상사태 선포 그리고 계속되는 학생들의 저항은 말 그대로 격랑의 한 학기였다.

그리고 이때 진작 나를 괴롭힌 것은 내 학문의 낙후성이었다. 몇 년 동안 '설교', '성서 연구', '교회행정', '교회건축'에 집중하는 동안, 내 전공인 '기독교교육학'은 한참 뒤로 밀려나 있었다. 거기에다 그동안 익숙

| 연세대학교

214 　　　　　　　　　　　　　　　　　삶, 여정, 이끄심

해졌던 '목회적 언어'에서 '학문적 수사'로 전환하는 과정은 쉽지가 않았다.

그래서 나는 책 하나를 번역하기로 하고, 한 학기 동안 '학문 연습'에 들어갔다. 번역 과정에서 피로감은 조금씩 풀리고, 학문과의 호흡은 다시 살아나고, 서서히 나 자신은 연세인으로 변하고 있었다. 그리고 연세대학교는 내가 크게 숨 쉴 수 있는 학문 공동체로 다가오기 시작했다. 이때 안세희 박사님(당시 부총장), 이길상 박사님(대학원장 - 정동교회 권사), 박영신 박사 (사회학과 교수 - P. S. R 후배동문)가 정신적 지주들이 되어 주셨다.

그러던 어느 날 감리교신학대학 학장이셨던 윤성범 박사님의 전화가 걸려 왔다. "어떻게 모교를 버리고 연세대학으로 갈 수 있느냐?"라는 항의성 전화였다. 몹시 당황한 나는 "선생님, 이제는 늦었습니다. 그런데 그동안 감신은 왜 침묵을 지키셨습니까?" 항변 아닌 항의로 응수하였다. "한 학기만 연세에 있다가 감신으로 돌아오라"는 말씀으로 전화를 끊으셨다. 불행하게도 이때부터 감신과의 관계는 본의 아니게 멀어지기 시작했다.

1979년 가을, 연세대학교의 첫 학기는 힘도 들었지만 의미 있는 삶과 학문의 전환점이 되었다. 그리고 6년 만에 맞이한 겨울 방학! 꿀맛 같은 겨울이었다.

설교부담 무(無), 성서 연구부담 무(無), 행정부담 무(無), 이 세 가지 무(無)는 평생에 처음 느껴보는 자유함, 편안함이었다. 그리고 1980년 봄 학기 학부와 대학원 강의 준비에 집중하고 있었다. 나는 목회자이기보다는 '가르치는 자'(born teacher)임을 감사하고 있었다.

1980년 봄 학기가 시작되기 전 어느 날 총장실에서 전화가 걸려왔다. 신임 총장 안세희 박사님의 전화였다. 그리고 마포에 있는 호텔 커피숍에서 만나자는 전화였다. 안 총장님은 시카고 북쪽 노스웨스턴 대학교에서 화학전공으로 박사학위를 받으시고, 교수를 하시는 동안 잠시 시카고 한인교회를 방문하시고 함께 예배를 드린 일이 있었다.

차를 마신 후 안 총장님은 연세대로 온 것을 환영하다는 말씀부터 시작하셨다. 그리고 본론을 내놓으셨다. 이번 3월 학기부터 '교목실장'으로 연세대학교의 영적지도를 맡아달라는 말씀이었다.

크게 당황한 나는 정중히 사양의 말씀을 드렸다. "감사합니다. 그러나 저는 신임 교수로서 그런 큰 책임을 감당할 수가 없습니다." 그러나 안 총장님은 굽히지 않으셨다. 우리는 무려 30분 동안 활과 창의 대결을 이어갔다. 나로서는 정말 감당할 수 없는 벅찬 제안이었기 때문이었다. 그러나 30분 뒤, 나는 백기를 들고 순종하기로 했다.

1980년 2월 말 나는 다른 교무위원들(학장, 처장, 대학원 원장)과 함께 교목실장으로 임명되었다. 그때 나를 처음 보는 교무위원들도 꽤 있었다. 갑자기 나타난 이방인! 그런데 이 이방인이 교목실장이 된 것이다. 그때 나는 정말 어떻게 처신해야 할지를 모르는 상황에 놓였다. 그때 한태동 대학원장과 문상희 연신원장 그리고 박준서 신과대학장이 내 보호막이 되었다.

1980년 3월초 노천극장에서 거행된 개학식에서 처음 데뷔한 나는 3만여 연세인의 이목의 주인공이 되었다. '갑자기 나타난 은준관 목사, 그는 누구인가?'라는 눈초리가 따갑게 다가왔다. 그리고 예배실 인도, 설교, 직원예배 설교, SCM(기독학생) 지도 그리고 대학교회 목회

삶, 여정, 이끄심

| 노천극장, 입학식 사회(1980. 3.)

까지 그 책임은 무한대였다. 영광이면서도, 낯설은 땅에서의 이 무거운 책임은 또 다른 중압감으로 나를 억누르기 시작했다.

이때 학교에 복직한 이계준 목사와 교목 윤병상 목사, 김기복 목사가 교목실의 강력한 팀을 이루었다. 친구 목사들과의 팀 사역은 큰 힘이 되었다. 특히 이계준 목사와 나는 대학교회 공동목사로서 대학교회를 특별한 '신앙공동체'로 세우는 일에 헌신할 수 있었다.

그러나 그때는 여전히 전두환 장군이 이끄는 군사정권 시절, 학생들은 극렬하게 저항하고, 통제는 강화되는 악순환이 반복되는 때였다. 예배실은 존폐 위기로까지 몰리고, SCM을 지도하는 일도 만만치가 않았다. 경찰은 수시로 학교 안으로 진입하고 그리고 쏟아내는 가스는 캠퍼스를 혼돈과 무질서로 몰아넣었다.

이때 유일한 돌파구는 '대학교회'였다. 정치적·사회적 흑암 속을 헤매던 많은 지식인들, 교수들, 학생들은 주일에 드리는 '공동예배'를 통해 민족적 아픔을 승화하고 있었다.

이때 공동목사인 이계준 목사와 나는 우선 '교회위원회'를 구성하고 활성화하는 일부터 시작했다. 그리고 대학교회의 선교적 소명을 설정하고, 교회의 모든 에너지를 선교에 투입하는 정책으로 이어갔다. 월수당 외에 목회자 사례가 따로 없는 대학교회였기에 이 모험은 가능할 수가 있었다.

이때 나일성 박사님(천문학과 교수), 김장환 박사님(화학과 교수), 이양자 박사님(가정학과 교수), 정노팔 박사님(지리학 교수) 그리고 곽상수 교수님(교회음악과 교수)이 주축이 된 교회위원회는 탁연택 장로님(사회사업가)이 가세하면서 대학교회는 선교를 향해 도약하는 기반을 마련하였다. 그 후 정원식 박사님(서울대 교육학 교수 – 후일 교육부 장관, 국무총리)이 합류하였다.

매주 예배자들은 300명에서 500명으로 그리고 700명으로까지 늘어나고, 곽상수 교수님이 이끄는 예배음악은 대학교회를 '설교' 중심에서 '공동예식'으로 전환하는 계기를 마련하였다.

교회학교는 김남현 교수님(의대교수 – 후일 정동제일교회 장로)과 이충국 박사님(치과대 교수 – 치과병원 원장, 후일 대신교회 장로) 내외분의 헌신과 수고로 크게 활성화되었다. 이때 100여 명의 어린이청소년이 모여들었다. 그리고 연세대 학생이 주축이 된 대학생회와 성가대는 대학교회를 살아 숨 쉬는 공동체로 끌어올렸다.

선교적 공동체로 전환한 대학교회는 두 가지 프로젝트에 집중하였다. 하나는 당시 60여 명으로 추정되는 학생들(자취할 방이 없어서 독서실에서 사는)을 위한 봉사 프로젝트였다. 대학교회와 학생처(박영식 박사, 처

삶, 여정, 이끄심

장, 후일 총장)는 공동으로 학교 수업이 끝난 오후 60여 명의 학생들을 연세 뒷산의 고목 자르기에 투입하고 생활비를 보조하였다.

그리고 다른 하나는 대학교회가 자취방 두 개를 전세로 계약하고, 독서실에서 먹고 자는 학생들이 자취하도록 공간을 마련해 주었다. 그리고 연례행사로 신촌 지역 자취생들을 초청하여 불고기 파티를 열어주었다.

비록 작은 프로젝트들이었으나 이는 학생들에게는 따뜻한 배려로 받아들여졌다. 그리고 대학교회는 난지도 주민 지원사업으로 선교의 지평을 넓혔다. 이 프로젝트와 맹인선교는 1985년 내가 교목실장직과 대학교회 목사직 임기가 끝나면서 이계준 목사가 계속 이어갔다.

그 사이 큰일 하나가 있었다. 1981년 늦가을 어느 날이었다. 감신의 선생님이신 김용옥 박사님이 전화를 주셨다. 윤성범 박사님이 갑자기 세상을 뜨시고, 김용옥 선생님이 감신학장이 되신 직후였다. 선생님은 무작정 나를 마포 호텔 커피숍으로 불러내셨다. 느낌이 심상치가 않았다. 식사가 끝나자 선생님은 직설적으로 1982년 봄 학기부터 감신으로 복귀하라는 명령 아닌 명령을 내리셨다. 신설되는 기독교교육학과를 책임지고 세우라는 당부셨다.

상황을 설명드리려고 하자 선생님은 젓가락을 내던지시면서 화를 내셨다. 모교가 절실한 것까지는 이해했으나, 지금 막 시작한 연세대학교의 교수직과 교목실장이라는 직함 때문에 전교에 이름이 알려진 상황에서 감신으로 복귀한다는 것은 모두에게 웃음거리가 될 수밖에 없다고 말씀드렸다.

그러나 선생님은 물러서지 않으셨다. 그날 만남은 결론이 없는 담판으로 끝났다. 다시 연락하겠다고 하시고는 인사도 받지 않으시고 떠나셨다. 그리고 석 달 후 선생님은 동남아 풍토병에 걸려 보름 만에 세상을 떠나셨다. 나는 이 모든 과정을 무엇으로도 설명할 수가 없었다.

1985년 8월 교목실장 임기가 끝나기 전, 나는 꼭 하고 싶었던 두 가지 실험이 있었다. 하나는 교수성서 연구모임이었다. 약 20여 명의 교수님들이 3개월 동안 "하나님의 구원드라마"를 주제로 구약과 신약을 연구하고 나눔하는 시간은 소중한 경험이었다.

다른 하나는 교수 포럼(forum)이었다. 전공을 달리하는 교수 30여 명이 '창조론'을 주제로 열었던 포럼은 신선한 출발이었으나, 이마저 계속 이어가지는 못한 아쉬움을 남겼다.

그러나 교목실장 임기 중 가장 중요한 프로젝트 하나가 있었다. 당시 문상희 원장님(연신원)과 박준서 학장(신과대학)과 함께 한국교회를 위한 "하기 목회자 세미나"라는 대세미나를 시작한 프로젝트였다. 여

| 연신원 하기 세미나

삶, 여정, 이끄심

기에는 안세희 총장님의 배려도 크게 작용하였다.

여름방학 기간 중 두 주간에 걸쳐 진행된 하기 세미나에는 무려 1,000여 명의 여러 교단 목회자들이 전국에서 모여들었다. 10년 동안 계속된 이 하기 세미나는 한국교회를 미래의 선교적 지평으로 끌어 올린 연세대학교의 큰 공헌이었다.

1980년 3월에 시작한 교목실장직과 대학교회목사직은 성격은 많이 달랐지만 어떻게 보면 정동제일교회의 연장과도 같았다. 강의와 책을 쓰기 위해 교수로 돌아왔지만, 5년 동안 나는 강의와 채플, 각종 행사와 대학교회 목회까지를 소화해내야 했다. 물론 축복의 시간들이 었다. 그러나 다른 한편 내 가슴 속에 계속해서 스며드는 학문적 공허는 메꿀 길이 없었다.

1985년 8월 교목실장 임기가 끝나면서 나는 6개월의 안식년을 얻어 오랜만에 미국 여행길에 올랐다. 1980년 샌프란시스코 신학교 박사 과정(D. Min.) 강의 차(당시 나는 장신대와 샌프란시스코 신학교의 공동 프로그램인 D. Min. 과정의 부교수였다) 잠시 다녀오고, 1981년에는 같은 목적으로 아내와 함께 다녀왔지만(그때 우리의 큰 아들, 원형은 한국에서 고 등학교를 졸업하고 군복무 3년을 마친 후 메소디스트대학교에서 유학하고 있을 때 였다) 그때는 불과 1개월 반의 짧은 체류였다.

그러나 1985년 6개월간 다녀온 여행은 달랐다. 큰아들 원형은 듀크대학교의 학생이 되고, 큰딸인 원예는 뉴욕 브루클린에 위치한 프랫 인스티튜트에서 디자인을 공부하고 있었다. 둘째 딸, 원주는 연세대 교회음악과 오르간 전공 학생이었고, 막내 원길이는 고 3이었다. 국제적 가족이 된 우리집은 엄마와 아빠의 보살핌이 절실해진 때였다. 그래서 모처럼의 안식년이지만 나 홀로의 여행이 되고 말았다.

처음에는 듀크에서 연구를 할 계획이었으나 연구는 처음부터 강연과 집회에 밀리고 말았다. 시애틀에서 일주일(유석종 목사 교회), 로스앤젤레스에서 3주(김관선 목사님 교회, 아내의 오빠, 육국 군종감 역임 그리고 몇 감리교회)를 보내고 듀크가 있는 더럼으로 향하였다.

더럼에서는 신학을 갓 시작한 아들과 룸메이트인 Gil Wise가 수시로 신학 문제를 들고 나와 밤늦도록 토론에 응해야 하는 상황으로 몰렸다. 거기에다 자취를 하고 있는 아들의 요리를 아침저녁으로 얻어먹을 수가 없어서 저녁은 거의 외식을 해야 했다.

그리고 3주 후 나는 아들의 고물차를 몰고 더럼에서 뉴욕으로 향하였다. 브루클린, 프랫 인스티튜트에서 패션 디자인을 공부하고 있는 큰 딸을 보러가는 길이었다. 그러나 미국생활 8년 동안 한 번도 가보지 못한 뉴욕에 들어서자 길을 잃고 헤맨 지 두 시간 만에야 브루클린에 도착하였다.

기숙사 방에 살던 딸은 나에게 방을 내주고 친구 방으로 피난을 가야했다. 플러싱 교회의 집회가 끝나자 나는 뉴욕을 떠나 워싱턴 D. C.의 한인교회(조영진 목사와 장기옥 사모, 현재는 미연합감리교회 버지니아 연회 주재감독)에서 3일간 집회를 인도하였다.

이 교회는 미국 안에서도 미래를 열어가는 창조적 교회였다. 그리고 아들이 있는 더럼으로 고물차를 몰고 돌아왔다. 그러나 한밤중에 3시간 동안 쏟아지는 비를 감당할 길이 없었다. 도착하자 고물차는 주저앉고 말았다. 폐차가 된 것이다.

처음 계획과는 달리 부흥강사가 되어 미국 전역을 헤집고 다니기 4

삶, 여정, 이끄심

개월, 연구는커녕 차 한 대 폐차시킨 것으로 안식년은 끝나고 말았다.

한국으로 돌아오기 전 나는 듀크대학교를 찾았다. 그토록 사랑을 주셨던 Dean Cushman은 메모만을 남기고 뉴헤이븐으로 가셨다.

그리고 주임교수셨던 Dr. M. Richey와 나 그리고 신학생이 된 원형은 함께 식사를 나눴다. 내 아들이 장성하여 내 선생님의 제자가 된 신비스런 의미를 나는 속으로 음미하고 있었다.

1985년 가을학기 내 안식년은 연구 대신 신나는 여행으로 끝나버렸다. 이것이 인생이 가는 길인가 생각했다.

26장

신과대학장, TBC 성서 연구

1988~1992

　연구 대신 안식년을 부흥회와 여행으로 끝내고 돌아온 나는 하나도 기쁘지가 않았다. 오히려 허탈과 공허감으로 돌아왔다. 지난 10년 (정동제일교회 5년과 교목실장과 대학교회 5년) 동안 『교육신학』이라는 책 하나와 『말씀의 증언 I, II, III』(정동제일교회에서 행한 설교를 엮은 것)을 내놓은 것 외에 제대로 된 논문이나 책도 하나 내놓지 못한 데서 오는 좌절이었다. 그것은 극심한 '지적 공허감'(知的 空虛感, intellectual emptiness)이었다.

　귀국하자마자 나는 마음을 가다듬고 연구부터 시작했다. 『교육신학』이 이론이었다면 그것을 구현하는 『기독교교육 현장론』을 쓰기 시작했다. 국내자료는 많이 부족했지만, 추적하고, 정리하고, 윤곽을 잡아가는 과정은 행복했다. 그리고 1988년 1월 『기독교교육 현장론』(450쪽)이 기독교서회의 도움으로 세상에 태어났다. 나의 두 번째 저술이었다.

이때 문헌과 씨름하고, 사상적 체계를 윤곽 짓고, 원고를 써나가는 과정은 몇 년 동안 잃었던 학문적 감각, 특히 기독교교육의 사상적 노정을 되찾는 기회가 되었다. 학문이란 결국 사상의 흐름을 포착하는 것이었다.

| 기독교교육 현장론

그리고 나는 학부와 대학원 강의에 성실히 임했다. 그리고 교회현장과의 교감을 이어가기 위해 샌프란시스코 신학대원의 D. Min. program에도 계속 참여하였다. D. Min을 위한 내 강의 주제는 목회신학(Theology of Ministry)이었다. 이때부터 교회와 목회현장과의 대화는 실천신학의 중요한 차원으로 부각되기 시작했다.

그리고 1988년 3월, 나는 신과대학 학장으로 임명되었다. 연세대학교의 학장직은 순서를 따라 맡는 보직이었기에 경쟁이 있는 것도 아니었다. 더욱이 '인사권'도 '재정권'도 없는 자리였기에 그리 무거운 자리는 아니었다. 그러나 학교정책 수립과정에 참여하고, 신과대학을 대표하고, 교수회를 주관하고, 커리큘럼을 구성하고 또 재구성하는 책임이 주 임무였다.

다만 학장 임기 중 기여한 것이 있다면 한 가지를 들 수 있을 것이다. 당시 연세대 신과대학생은 '군종장교'(군목)로 갈 수 있는 길이 원천적으로 봉쇄되어 있었다. 교단 신학교가 아니라는 이유에서였다.

그러나 어느 신학교 학생에 비해 뒤지지 않는 연세신학도가 시험에 응시할 기회조차 원천적으로 차단되어 있다는 것은 매우 불합리한 제도였다. 나 자신이 경험한 군종사역을 통해 군종사역이 얼마나 소중한 목회이고 그것이 목회자로 가는 통로라는 것을 잘 알고 있었다.

나는 당시 연세대 경영대학원장인 송자 박사님에게 이 사실을 설명하고, 같은 교회 장로였던 국방장관 오자복 장관(아현중앙교회)과의 면담을 주선해 줄 것을 요청하였다. 어느 날 오 장관님은 나와 송자 박사님을 호텔로 초청해 주시고 저녁을 대접해 주셨다. 그 자리에서 나는 모든 상황을 설명드리고 선처를 부탁드렸다.

그리고 며칠 후 국방부 기획실장(내가 군목시절 28사단 82연대 작전장교였던 육사 출신 엘리트)의 연락이 왔다. 장관으로부터 이 일을 성사시키라는 명을 받았다는 것이다. 그리고 몇 달 후 국방부는 연세대 신과대학생들을 군종장교 후보로 응시할 수 있는 자격을 부여한다는 결정을 내렸다. 이것은 연세학생뿐 아니라 군종사역을 위해서도 중요한 결정이었다.

그러나 문제는 그 결정에 붙어온 단서였다. 연세신학생들은 각자가 속해 있는 교단(안수를 받아야 하는 소속교단)의 승인이 있어야 한다는 단서였다. 이때 나는 큰 난관에 직면하였다. 자기 교단 신학교 학생들이 불이익을 볼지도 모르는 이 정책을 교단들이 쉽게 수용할 것 같지가 않았다.

긴긴 고민 끝에 나는 한 가지 전략을 연구해냈다. 접근하기 수월한 교단부터 공략하는 방법이었다. 나는 먼저 감리교 본부를 찾았다. 그리고 관계자들을 설득했다. 감리교가 거부하면 감리교인 연세학생은 다른 교단으로 옮겨가서 군목으로 지원할 것이라고 위협도 했다. 그

삶, 여정, 이끄심

런데 이 전략이 먹혀들어 갔다. 이 안건이 총회실행위원회에서 무난히 통과되었다.

그리고 나는 그다음 장로교 통합교단총회 군목위원회와 접촉을 시도했다. 만만치가 않았다. 여러 가지 이유로 거부의사를 표해 왔다. 나는 하는 수 없이 같은 전술을 썼다. "통합 측 좋은 연세신학도들이 타교단으로 옮겨서라도 군목으로 응시해도 좋으냐?"라고 했다. 이미 감리교단은 이 안건을 통과시켰다고 알렸다. 태도를 바꾼 책임자는 시간을 달라고 요청했다. 그리고 한 달 후 통합 측도 이 안건을 통과시켰다. 그다음 기장(기독교장로회)은 이를 쉽게 받아들였다.

이로써 이사 파송교단(성공회 제외) 모두가 연세신학도의 군목 진출을 허용하는 법을 통과시킴으로써 새로운 길이 열리게 되었다. 이는 군선교에 연세신학도가 참여한다는 의미와 함께 연세신학도들은 타교단 신학교학생들과 동등하게 한평생 목회자로 헌신할 수 있는 통로가 되었다. 여기에는 오자복 장관님의 배려와 송자 박사님의 수고가 숨어 있었다.

그러던 어느 날 갑자기 낯선 손님이 학장실을 방문하였다. 자신을 대우전자주식회사 권혁조 과장(연세대 경영학과 출신)이라고 소개했다. 대우전자 사장님(당시 대신교회 집사님)의 심부름으로 나를 찾아왔다고 했다. 당시 비디오 사업으로 성시를 이루던 그때 성경만화를 수입하여 건전한 영상물도 보급하고 싶다는 내용이었다.

그때 나는 비디오의 '비' 자도 모르는 문외한이었다. 그러나 그 순간 나는 한 가지 유혹에 빠지고 있었다. 성경만화로 침체되어 가는 교회학교를 살리고 싶은 유혹이었다.

| 가족사진

1988년 겨울방학 나는 아내와 함께 성경만화 시장을 찾아 미국으로 향하였다. 그리고 버지니아(Virginia)주 해리슨버그(Harrisonburg)라는 작은 도시(이미 아들은 듀크대학교를 졸업하고 200년 된 교회의 부목사로 사역하고 있었다) 부목사관에 짐을 풀고, 나는 성경비디오를 찾아 미국 전역을 누볐다.

할리우드(Hollywood)의 한나 바바라(Hanna Barbara)를 시작으로 내슈빌, 세인트 루이스, 미주리, 뉴욕의 회사들을 찾아다녔다. 그중에서도 한나 바바라의 성경만화는 최고의 수준이었다. 대우전자는 여기에 투자를 아끼지 않았다. 지금도 무슨 연유로 대우전자가 사업가치가 전무한 성경만화에 투자했는지는 수수께끼로 남아있다.

귀국 후 나는 임영택 목사(협성대 교수, 부총장 역임)와 막내 아들 원길(미국 대학에서 신문방송학 전공)의 도움으로 비디오에 맞춰 실험교재 몇 과를 제작하고 대신교회(당시 김문희 목사 담임) 교회학교에서 실험교육

　　　　　　　　　　　삶, 여정, 이끄심

을 실시하였다. 반응은 폭발적이었다.

그리고 실험교재 10과를 더 만들고 수백 교회에 홍보를 띄웠다. 그리고 창천교회에서 실험교육을 실시하였다. 반응은 역시 폭발적이었다. 그때 나는 한계에 오고 있는 교회학교를 되살리는 중요한 실마리를 찾은 듯이 흥분하였다. 기독교교육학자로서 교회학교는 지켜내야 할 마지막 보루라는 신념 때문에 더더욱 흥분은 가열되었다.

그런데 이상하게 교재가 더는 팔리지 않는 '기현상'(奇現象)이 일어나고 있었다. 원인을 추적하고 나선 나는 충격에 빠지고 말았다. 그것은 담임목사님들의 무관심 때문이었다. 교회학교와 그 미래까지도 철저히 외면하는 무관심, 이때 나는 한국교회의 어두운 미래를 절감했다. 어린이 없는 교회! 이 비극은 이미 현실이 되고 있었다.

이미 수천만 원의 손해를 끼친 나는 더 이상 대우전자를 괴롭힐 수가 없었다. 그래서 모든 것을 포기할 뜻을 밝혔다. "선생님, 왜 실패하셨다고 생각하십니까?" 권 과장의 질문이었다. "담임목사님들의 무관심 때문이요." "그렇다면 담임목사님의 관심을 끌 길은 없나요?" 그때 나는 눈을 번쩍 뜨고 권 과장의 얼굴을 쳐다보았다.

담임목사의 관심? 그것은 성서 연구였다. 정동제일교회 수요성서연구가 내 머릿속을 스쳐지나갔다.

나는 즉시 서울 장안 15교회 담임목사님들을 알렌관으로 초청하고 간담회를 가졌다. 거기에는 유경재 목사님(안동교회 담임 - 통합), 백구영 목사님(아현중앙교회 담임 - 기감) 그리고 성결교회와 기장목사님들도 함께하였다. 수요예배를 수요성서 연구로 전환하고, 성서 연구로 신앙을 다시 세우는 목회전략에 의견이 모아졌다.

그 후 우리는 올림피아 호텔에서 발기모임을 가지고, 이어 강남 팰리스 호텔에서 100여 명의 여러 교단 담임목사님들이 '한국교회교육목회협의회'를 결성하고, 각 교회는 100만 원을 기금으로 헌금하여 그 기금으로 성서 연구교재를 제작하도록 결의하였다. 나는 곧바로 서교동에 사무실 하나를 임대하고 본격적인 제작에 들어갔다. 그리고 최고의 제작팀을 구성하였다.

구약에 김이곤 박사님(한신대), 강사문 박사님(장신대), 박철우 박사님(당시 감신대 강사 - 현재 나사렛대 교수) 그리고 신약에 문상희 박사님(연세대), 김득중 박사님(감신대), 교회사에 강근환 박사님(서울신대), 이양호 박사님 (연세대) 그리고 한미라 박사님(서울신대)과 나는 교육학자로서 전체 디자인과 구성 그리고 평신도교재 집필진 훈련을 담당하는 팀을 구성하였다.

집필진은 6개월 동안 교재구성의 원리, 본문을 중심으로 하는 단원과 제목 만들기 그리고 한 과의 구조를 놓고 토의, 워크숍, 실험교재 제작 그리고 수정하는 작업을 진행하였다.

여기에는 한국인 학자들이 만들어내는 최초의 총체교재라는 긍지와 책임이 뒤따랐다. 그리고 교재는 철저하게 성경통독이라는 원칙에서 구성되고 또 집필되었다. 이 작업은 1년 넘게 진행되었다.

한미라 박사님과 나는 목회자교재를 근간으로 평신도 교재를 집필하는 저자 회의를 주관하고, 점검하고 그리고 15분에서 20분짜리 비디오를 제작하는 일에 모든 에너지를 투입하였다.

여기에는 수억 원이 투입되었다. 그런데 그 자금을 대우전자가 담당해 주었다. 나는 정동제일교회 건축에 이어 이번에는 성서비디오

제작에 대우로부터 큰 사랑의 빚을 지게 되었다.

2년 가까운 각고 끝에 1990년 3월 '성서교육총체교재'(TBC - Total Bible Curriculum, 목회자교재, 평신도교재, 교육지침서, 성서비디오 - 104과 - 2년 주기)가 완간되었다.

여기에는 김문희 목사, 백구영 목사(기감), 김성환 목사, 이중표 목사(기장), 유경재 목사, 하해룡 목사(통합), 최건호 목사(기성) 그리고 원효식 목사(대신)의 뒷받침이 크게 작용하였다.

1990년 4월 18일 우리는 남산교회에서 목회자 300여 명이 모여 우리 손으로 제작한 '성서교육총체교재'(TBC)를 하나님 앞에 봉헌하는 감격적인 예배를 드렸다.

그리고 그날 저녁부터 2박 3일 동안 광림수도원에서 200여 명의 담임목회자들은 TBC 교재를 중심으로 심층세미나와 워크숍을 가졌다. 그리고 전국교회에 보급하는 일과 중요도시를 순회하는 세미나로 이어갔다. 그 후에 성서교재는 TBC성서 연구(Total Bible Curriculum의 약자)라는 이름으로 전 세계에 알려졌다.

이때 교회마다 많은 변화들이 일어나고 있었다. 안동교회(유경재 목사님), 덕수교회(손인웅 목사님), 벧엘교회(하해룡 목사님), 대신교회(김문희 목사님), 신촌성결교회(정진경 목사님), 충무교회(최건호 목사님) 울산교회(임태종 목사님)가 대표적 주자들이었다.

나는 방학을 이용하여 보스턴, 뉴욕, 프린스턴, 디트로이트, 시카고, 로스앤젤레스, 달라스 그리고 샌프란시스코에서 TBC 성서 연구 세미나를 인도하였다.

지금까지 TBC에 참여한 교회는 세계적으로 약 3,000개의 교회이며, 평신도는 40만 명 정도로 추산되고 있다.

소박한 성경만화제작에서 시작하여 세계성서 연구운동으로까지 확산된 이 신앙운동은 정동제일교회 수요성서 연구와 대우전자, 제작진이 만들어낸 하나의 종합 예술이었다.

그리고 1992년 2월 나는 4년의 신과대학 학장의 임기를 마치고 3월부터 6개월 안식년으로 들어갔다. 그때 내 나이 58세였다.

| 연세대 신과대학 학장 시절

| 연세대 교수회

삶, 여정, 이끄심

27장

Iliff School of Theology International Academy of Practical Theology

— TBC 성서 연구회(1992~1999)

1992년은 연세대 정년 7년을 앞에 둔 해였다. 그리고 새 세기(世紀, New Millenium)을 8년 앞둔 해였다. 이때 나는 갑자기 초조함에 억눌리기 시작했다. 남은 교수 7년을 무엇으로 채울 것인가?『교육신학』과 『기독교교육 현장론』두 책으로 저술을 끝내고 말 것인가? 여기까지 생각이 미치자 나는 학자로서의 생명이 이미 끝난 것 같은 공허감이 내 온몸을 파고들었다.

그러나 그때 나는 새 세기에 불어 닥칠 한국교회의 위기를 예감하고 있었다. 한국 기독교 100주년이었던 1985년을 기점으로 한국교회는 급속도로 '교회 성장 이후'(after church growth)를 향해 질주하고 있었다.

교회의 죽음, 그다음의 신학은 무슨 의미가 있으며, 기독교교육은 무슨 가치가 있는가? 이 질문은 서서히 나의 학문적 지평을 '교회론'으로 옮겨 놓고 있었다.

나는 조직신학자가 아니지만 내 박사 학위 논문, "바르트신학에 나타난 선교적 사건으로서의 기독교 공동체"(The Christian Community as Mission Event in the Theology of Karl Barth)는 이미 조직신학과 실천신학의 경계를 넘나드는 '간 학문신학'(間 學問神學, interdisciplinary theology)이었다.

실천신학의 '눈'으로 교회론을 저술해 보자! 1992년 2월 학장임기가 끝나는 때, 나는 이미 미국 덴버, 아일리프 신학대학원(총장 Dr. Donald Messer)로부터 객원 연구원으로 초청을 받은 후였다.

나는 아일리프의 총장, Dr. Messer가 편저한 *Send Me*(1991)라는 책에 "When Korea Abolished Guaranteed Appointments"(한국 감리교회가 파송제를 포기한 후)라는 논문을 게재하고 그와는 친분을 쌓았던 때였다.

1992년 3월 초, 아내와 나는 먼저 로스앤젤레스로 향하였다. 두 딸이 로스앤젤레스에 거주하고 있었다. 그리고 중요한 강연 하나가 약속되어 있었다. 클레어몬트 신학대학원이 주관하는 연례강좌, Paul Irwin의 강연에 초청되어 있었다. 초청자는 Dean Allen Moored와 그의 부인 교수인 Dr. Elizabeth Moore였다. 학자로서 미국 주요 신학교의 학술강연에 강연자로 선다는 것은 큰 영광이었다.

1992년 3월 31일 오전 10시 30분, 강당에는 Dean Moore, Dr. Moore, Dr. Paul Irwin 그리고 미국기독교교육의 Dr. Iris Cully, Dr. Margaret Sawin을 위시한 클레어몬트 교수들, 신학생들, 한인목회자들 100여 명이 자리했다.

강연 주제는 'Christian Education as Historial Transformation'

삶, 여정, 이끄심

이었다. 미래 기독교교육학은 '인간성장'(자유주의 신학), '말씀'(신 정통주의 신학)을 넘어 하나님의 주권적 통치하심이 실현되는 역사를 종말론적 지평으로 해석해야 한다(hermeneutical praxis)는 논지로 강연을 하였다. 그 속에는 이미 교회론이 흐르고 있었다. 이것이 1992년 안식년의 첫 출발이었다.

그리고 아내와 나는 애리조나주 피닉스의 한인교회(조경열 목사 담임. 현재 인천연희교회 담임)에서 신앙집회를 인도하고, 조 목사 내외의 안내로 그도 유명한 브라이스 캐니언, 시온 산, 라스베이거스를 탐방하였다. 그리고 우리는 1992년 4월 16일 덴버에 도착했다.

만년설로 뒤덮인 로키 산맥 기슭에 자리한 덴버 시, 그 안에 자리 잡은 아일리프 신학교는 아름답고 조용한 캠퍼스였다.

여기서 아내와 나는 결혼 35주년을 자축하고, 미국 여기저기에 살고 있는 자식들이 모여들면서 연합 대가족이 되었다.

원형 목사, 며느리 Diana, 손녀 Lili, 손자, John은 버지니아에서, 원예 가족은 로스앤젤레스에서, 둘째 딸 원주는 사위, 외손자 호근이 용근이와 텍사스에서, 막내 원길이는 노스캐롤라이나의 메소디스트 대학에서 모여들었다.

며칠 후 Messer 총장은 다과회를 열어 우리를 따뜻이 환영해 주었다. 그리고 조건상 목사(감신 제자, 덴버 한인교회 담임) 내외의 극진한 돌봄은 덴버에서의 삶을 편안하게 만들어 주었다.

그리고 며칠 후 나는 본격적인 연구에 들어갔다. 학교 도서관을 거의 독차지한 나는 온종일 '교회론'에 관련된 서적들을 추적하였다. 한국에서는 볼 수도, 구할 수도 없는 책들과의 만남은 나를 황홀경으로 몰아가고, 나는 책들에 미쳐 몇 달을 도서관에서 살았다. 저녁 때면 나는 20~30권의 책을 들고 아파트로 돌아오고, 아내는 '간이 복사기'로 때로는 책 전체를, 때로는 장들을 복사했다. 복사는 무려 2만 장이 넘었다.

주말이면 우리는 로키산 탐방에 나섰다. 로키산의 웅대함! 아기자기한 한국의 산과는 다른 창조의 미학이었다. 그리고 저녁식사가 끝나면 아내와 나는 학교 캠퍼스를 산책하곤 하였다.

그러던 어느 날 나는 한 아름다운 건물 앞에서 "한국에 이 같은 작은 건물 하나와 도서관이 있었으면…" 하고 중얼거렸다. 아내는 그 뜻을 몰랐지만, 하늘에 계신 그분께서는 그 소리를 들으신 것이다.

그런데 그때 나는 자제했어야 했던 한 가지 실수를 범하고 말았다. 4개월 동안 미국 전역에서 행한 강연이 무려 60여 차례, 귀국하는 길에 밴쿠버에서까지 강연을 강행한 데서 온 피로가 1992년 8월 말 귀국한 후 갑자기 느끼기 시작한 서울의 탁한 공기와 습기를 통해 안면마비로 폭발하였다.

나는 학교 밖의 모든 강연은 취소하고, 마스크를 쓴 채 학부강의와 대학원 세미나만을 인도해야 하는 상황에 왔다. 건강에 '적신호'가 온 것이다.

진맥을 본 한의사 말하기를 "기가 다 빠져 나갔습니다." 이 말은 사형선고와 같았다. 하는 수 없이 집안에 칩거하기로 하고, 일체의 외출을 삼가고 있던 어느 날, 미국에서 붙인 책의 복사본 2만 장이 도착했다. 이때부터 나는 복사본 책과 글들을 정독하기 시작했다. 그때는 컴퓨터가 보편화되지도 않았고, 거기에다 나는 완전 '컴맹'이었다.

삶, 여정, 이끄심

그러나 책을 읽고 정리하기 시작하면서 나는 점점 흥분하기 시작했다. 그리고 사상의 구조와 윤곽이 서서히 드러나기 시작했다. 안면마비는 결국 나를 서재에 붙잡아 두고, 서재는 책을 쓰는 소중한 공간으로 변하고 있었다.

안면마비를 안고 시작한 집필은 7년간 계속되었다. 1996년 화곡동에서 일산 빌라로 이사한 후에도 집필은 계속되었다. 그리고 1999년 2월 연세대학교 정년의 해, 『신학적 교회론』과 『실천적 교회론』(각각 500쪽, 총 1,000쪽) 두 권이 기독교서회의 도움으로 출판되었다.

『교육신학』(1976), 『기독교교육현장론』(1988)에 이어 출판된 『신학적 교회론』과 『실천적 교회론』(1999)은 결국 10년 주기로 출판한 셈이다. 두 책은 창조의 고통과 희열이 겹치면서 태어난 학문적 결산이었다. 그리고 그렇게도 나를 향해 기독교교육학을 권하셨던 Miss Stockton 교수와 김폴린 교수의 염원이 네 권의 책으로 구현되었다.

그리고 1992년(안식년)과 1999년(정년) 사이에는 두 개의 의미 있는 '이벤트'가 있었다.

하나는 1993년 여름 미국 프린스턴 신학교에서 창립된 국제실천신학회(International Academy of Practical Theology)였으며, 이때 나는 유일한 동양인으로 초청을 받아 참여하였다. 3박 4일로 진행된 창립총회는 당시 실천신학계와 기독교교육학계를 주도하던 James Loder(Princeton), James Fowler(Emory), Don Browning (Chicago), Mary Moore(Claremont) Nipkow(Tübingen)등 세계 석학 60여 명이 참여하고, 논문 발표와 열띤 토론을 이어갔다.

미래신학은 현장과 대화하고 성찰하는 '실천신학'이어야 한다는 간 학문적 몸부림이었다. 그때 나는 조용히 이 패러다임이 내가 쓰고 있는 교회론에서 융합될 수 있다는 꿈을 키우고 있었다.

그리고 제2차 모임은 2년 뒤 1995년 여름 스위스 베른에서 열렸다. 그때 나는 "After Church Growth in Korea - Search for an Alternative Ecclesial Model"이라는 주제로 논문 하나를 발표했다.

그 당시 세계적 관심이었던 한국교회를 두고 '성장이후'(after church growth)를 논하고, 대안을 모색한 내 논문은 서구 신학자들에게 다소 충격적이었다.

그리고 다음 세계대회는 1997년 서울에서 열기로 결정하고, 나는 집행위원장직을 맡게 되었다.

1997년 5월 제3차 국제실천신학회 서울대회는 곽선희 목사님(당시 소망교회 담임)이 큰 배려로 곤지암 소재 소망수양관 전체를 활용하게 해주시고, 5일간의 식사와 경비를 모두 부담해 주셨다. 여기에는 당

| 서울 IAPT 대회, 롯데호텔

삶, 여정, 이끄심

시 소망교회 비서실장 이필은 박사(현재 나사렛 대학교 교수)의 수고가 숨어 있었다. 서울대회는 지금도 회원들 간에 기억되는 성공적인 모임이었다.

그러나 나는 이때 신앙적인 비애를 경험하고 있었다. 서구학자들이 발표하는 많은 논문들 저변에는 '교회 없는 신학'(Theology without Church)이라는 비극적 현실이 깔려 있었다. 그래서 그들은 허공을 치고 있다는 느낌이 나를 슬프게 만들었다.

그러나 그때 한국교회는 서구와는 정반대로 '신학 없는 교회'(Church without theology)라는 함정에 깊이 빠져 들어가고 있었다.

서울대회를 끝으로 나는 국제학회 회원직을 사임하고 그다음을 준비하기 시작했다. 그 이름은 '실천신학대학원'의 설립이었다.

그러나 1992년에서 1999년 사이, 나는 또 하나의 의미 있는 경험과 마주하였다. 1995년 10월 10일에 시작하여 1998년 6월 23일까지 2년 8개월 동안 진행된 'TBC 성서 연구모임'이었다. 대학교 총장을 역임한 송종률 박사님(강남대학교, 서대문교회 장로)과 하경근 박사님(중앙대학교, 정동제일교회 교인)의 간곡한 성서 연구 요청이 계기가 되면서, 탁연택 장로님(사회사업가, 연세대학교회), 김현철 장로님(서울고검장 역임, 법률구조공단 이사장, 정동제일교회 장로) 김소엽 교수(호서대학교), 이충국 박사(세브란스 치과병원장), 나영석 권사(정동제일교회) 김철호 변호사(국제변호사, Kaist교수)가 합세하면서 임원회를 구성하고, "TBC성서 연구회"를 출범시켰다.

1995년 10월 10일 100명이 넘는 그리스도인들이 서울 전 영역에서 배화여대 강당으로 모여들었다. 처음 모임부터 분위기는 예사롭지 않았다. 서로가 서로를 알지 못하는 이질집단이 성서 연구를 통해 한 몸이 되는 신비를 경험하기 시작했다.

이 모임은 정동제일교회 수요성서 연구 이후 꼭 20년 만에 가지는 성서 연구모임이었다. 그러나 이번에는 『TBC 성서 연구』라는 교재가 우리 손 안에 있었다.

나도 최선을 다했다. 하루 강의를 위해 20시간에서 25시간을 할애 하는 열정을 쏟았다. 그리고 한 시간 반에서 두 시간을 강의하는 열정 을 쏟았다. 이때 함께한 100여 명이 뿜어내는 열정과 헌신은 한국교 회의 가능성을 알리는 청신호로 다가왔다.

2년 반 동안 진행된 성서 연구회는 성경통독과 함께 그 속에 흐르 는 하나님의 구원드라마를 순례하는 신앙의 여정으로 이어갔다.

1년 뒤, 1996년 우리는 장소를 연세대 간호대학으로 옮기고, 구원 순례를 계속하였다. 그리고 우리는 요한계시록을 지나 2,000년의 교 회역사와 한국교회사까지를 연구하는 강행군을 모험하였다.

1998년 6월 23일 TBC 성서 연구회는 100여명이 2년 반의 대장정을 마무리하였다. 이때 나는 성서 연구의 위력을 정동제일교회와 TBC 성 서 연구회로부터 배웠다. 신앙은 원초적으로 경험이지만, 신앙은 반드 시 배움으로 이어져야 한다는 진리를 다시 확인하는 계기였다.

그런데 그 속에서 또 하나의 기적이 일어나고 있었다. 아직 윤곽도 잡히지 않은 '실천신학대학원'이었지만, 설립을 위해 TBC성서 연구 회가 8000만을 기금으로 내놓았다. 이것이 대학원 설립의 '종잣돈'이 되었다.

이 신비로운 진행을 지켜보면서 나는 하나님의 큰 손길이 늘 역사

┃ TBC 성서 연구회 모임-연세대 간호대

| 연세대학교 신과대학(연구실)

하고 계심을 직감하고 있었다.

1992년 덴버 산기슭 아일리프 신학교에서 내뱉은 농담에서(실은 내 마지막 꿈이기도 했지만, 그것은 불가능임을 잘 알고 있었다) 한 작은 불꽃이 국제실천신학회를 통해 투영되고, 그것이 TBC 성서 연구회를 통해 자금과 추진위원회로 이어지는 이 진행은 인간의 지각을 넘어 역사하시는 하나님의 경륜하심이었다. 이때부터 나는 크고도 놀라운 손길 앞에 이끌리기 시작했다.

그리고 1992년 2월 말, 나는 연세대학교 교수 19년 6개월의 임기를 마무리하였다. 연세대학교 20년은 나에게 너무도 소중하고 축복받은 영적 – 학문적 – 목회적 여정이었다. 그래서 연세대학교는 영원히 삶과 학문의 고향으로 남아 있다.

삶, 여정, 이끄심

10
막

실천신학대학원대학교 설립

1999~2005

28장

연세대학교 정년 은퇴

1999년 2월

내 생애에 가장 소중했던 '플롯'(plot)은

1. 1960년에서 1968년까지 미국에서 받은 신학훈련이고
2. 1975년 2월에서 1979년 8월까지 정동제일교회 담임목회 경험 이며
3. 1979에서 1999년까지 연세대학교 교수직이었다.

특히 세계적인 학문의 전당인, 연세대학교에서 경험한 학문의 자유(academic freedom)와 기독교 정신(Christian spirit)은 나로 하여금 폭넓은 학문의 세계를 호흡하게 하였으며, 여기에서 나온 『기독교교육 현장론』과 『신학적 교회론』 그리고 『실천적 교회론』은 학문적 결실들이었다.

거기에 더하여 교목실장(1980~1985)과 신과대학장(1988~1992) 경험

은 학교행정의 감각을 키워준 소중한 자산이었다.

'새 천년(new millenium)'을 꼭 10개월을 앞둔 1999년 2월 19일 저녁, 연세대학교 동문회관 강당에 250여 하객들로 초만원을 이루었다.

1976년 『교육신학』 출판기념회 이후 24년 만에 가지는 출판기념회였다. 이번 출판기념회는 『신학적 교회론』과 『실천적 교회론』을 자축하고, 나의 은퇴를 알리는 모임이었다.

기도회는 오랜 친구인 채인식 목사의 기도, 이계준 목사의 성경봉독, 곽선희 목사의 설교, 정원식 전 총리의 축사, 김광식 박사와 정진경 목사님의 서평이 모임의 백미를 이루었다.

그리고 나의 답사 차례가 되었다. 이때 나는 처음으로 '실천신학대학원' 설립이라는 꿈을 알렸다.

7년간 『신학적 교회론』과 『실천적 교회론』을 집필하는 동안, "교회 없는 신학"을 논하던 구미 학자들의 넋두리가 계속 나를 괴롭혔다. 그

| 출판기념회-연세대 동문 회관

삶, 여정, 이끄심

| 퇴임식 - 루스채플

리고 이번에는 "신학 없는 한국교회"의 어두운 미래를 보기 시작했다.

'교회 없는 구미 신학'이 '무대'(platform)를 잃은 드라마라면, 한국교회는 '신학 없는 교회', '각본 없는 드라마'였다. 졸저지만, 『신학적 교회론』과 『실천적 교회론』은 이 땅에 "교회 있는 신학", "신학 있는 교회"를 세우기 위한 꿈의 표현이라고 했다. 그리고 그 꿈을 구현할 전문대학원대학교 하나를 설립하고자 한다고 했다.

이때 나는 이미 두 가지 정지 작업을 진행하고 있었다.

하나는 1998년 1월 23일에 결성된 '실천신학대학원 설립추진회'였다. 'TBC 성서 연구회'가 마련해 준 '일억 원'을 기금으로 '가칭 실천신학대학원 설립추진위원회'를 결성하고, 위원장인 나는 여러 차례 경인 지역을 중심으로 부지(敷地) 찾기에 나섰다. 강화, 여주, 원주, 온양을 더듬은 후였다.

다른 하나는 TBC 성서 연구원 사무실을 화곡동에서 연희동으로 옮기고, 1998년 6월 23일부터 주일 오후 '가칭 실천신학대학원교회'를 설립하고 주일예배를 드리기 시작했다.

여기에는 김찬주 권사 내외, 나영석 권사 내외, 김철호 변호사 내외, 김완호 장로 내외, 오세정 집사, 박종호 집사, 주연수 전도사(연세대 대학원생) 그리고 아내와 내가 참여하고 있었다. 그리고 모든 헌금은 대학원 설립기금으로 적립되기 시작했다.

출판기념회는 성황리에 끝나고, 학교 퇴임식은 1999년 2월말, 이때 모든 책임으로부터 벗어난 나는 1999년 3월부터 18주에 걸쳐 동대문 밖 신설동에 위치한 '기독교 진흥문화원'에서 "교회 미래 탐구"라는 주제로 18번의 공개강좌를 진행하였다.

이때 김현철 장로(정동제일교회, 서울 고검장), 정시춘 박사 (건축설계, 교수, 후일 대학원 설계 및 강사), 박동규 박사(경영학 박사)와 이용옥 권사(후일 대학원 연합교회 장로) 외에 많은 분들이 동참하였다. 이분들은 모두 소중한 동역자들이 되었다.

29장

연합교회 설립, 설립추진위원회 구성

― 실천신학 고위 콜로키움(Colloquium)

연세대 간호대학에서 진행된 "TBC 성서 연구회"와 신설동에서 진행한 "신학공개강좌"는 많은 신앙의 동지들을 모으고 결속하는 '구심점'이 되었다. 여기 모여든 신앙의 동지들은 자연스레 대학원 설립을 이야기하고, 대학원 지원을 위한 교회 설립을 논하고, 방법을 구체화하기 시작했다.

그리고 1999년 초 여름, 연희동 TBC 성서 연구원 사무실에는 주일마다 20여 명이 모였다. 예배, 친교, 대학원 설립 간담회로 이어진 모임에는 김찬주 권사(고위경찰 간부) 내외, 김완호 장로 내외(증권사 사장), 김철호 변호사 내외(국제변호사), 나영석 권사(사업), 오세정 집사, 박종호 집사(교사), 주연수 전도사 그리고 아내와 내가 함께하였다.

그리고 희망의 새 천년(new millenium)의 전환점, 1999년 10월 3일 오후 2시, 가칭 '실천신학대학원교회'는 서울 종로구 인사동 태화관 강당에서 창립예배를 드렸다.

| 대학원교회 설립-태화관

| 연합교회 - 벽산빌딩

교인과 축하객 100여 명은 하나님 앞에 봉헌하는 새 교회를 축하하고 격려해 주었다. 이때 박동규 박사와 부인 이용옥 권사가 합류하면서 '수'는 적으나 강력한 '공동체'로 태동하기 시작했다.

그리고 한 달 뒤 우리는 서울 역 건너편 '벽산 빌딩' 8층 강당으로 예배처소를 옮겼다. 당시 벽산그룹 회장인 김희철 박사는 1965년 시카고 한인교회 담임목회 때 내가 결혼주례를 했던 분이었다.

50명에서 60명으로 교인이 늘면서 새 예배처소는 뜨거운 신앙과 헌신으로 분위기는 고조되었다. 이때 동생 은길관 권사와 강경옥 권사가 동참하고, 공동사역자로 박성율 목사를 영입하였다.

이때부터 TBC 성서 연구원과 '연합교회'는 대학원 설립을 향해 달리는 쌍두마차가 되었다. 우리는 열심히 모이고, 토의하고, 열심히 모

삶, 여정, 이끄심

금하고, 열심히 뛰었다.

그리고 2년 뒤 2001년 봄, TBC 성서 연구원이 연희동에서 경기도 고양시 일산 장항동 856 - 1 대양빌딩 6층 607호(사무실), 608호(세미나실)로 이전하면서 연합교회, 대학원 설립 추진회도 모두 합류하였다.

이때 TBC 성서 연구원은 TBC 성서 연구 제2판 작업에 들어가고, 104과 비디오를 DVD로 전환하는 프로젝트에 착수하였다. 이때 투입된 자금은 무려 2억 원이었다. 1억은 동생인 은길관 장로가 부담하였다.

이때 TBC 성서 연구원은 사무실을 대학원 설립추진 위원회에 무료로 제공할 뿐 아니라 모든 통신비, 사무비, 인건비까지 제공하였다. 그리고 이때 소망교회 곽선희 목사님의 지원이 큰 몫을 담당하였다.

매 주일 오전 11시, 연합교회는 주일공동예배를 드리고, 점심을 함

| 일산 장항동 사무실

| 일산 연합교회 예배

께하는 코이노니아 공동체를 세웠다. 이때 예배 인원은 50명에서 70명을 선회하였다. 그리고 모든 헌금은 대학원 설립기금으로 입금하였다.

매일 연구원으로 출근하던 어느 날 나는 주일예배 외 한 주간을 빈 공간으로 비어둔 세미나실을 눈여겨보았다. 그때 영감 하나가 떠올랐다.

앞으로 실천신학대학원에서 실시할 커리큘럼을 실험하는 세미나의 구상이었다. 이름을 '실천신학 고위 콜로키움'(colloquium)으로 정하고 원생모집에 들어갔다.

이때 15분의 중견 목회자가 참여하였다. 그중에는 고인이 된 김한옥 목사(당시 용두동 교회 담임), 김완중 목사(당시 양광교회 담임), 박국배 목사(선사교회 담임 - 통합), 오명동 목사가 주역으로 참여하였다.

2000년 3월 6일부터 시작한 고위 콜로키움은 매주 목요일 오전 10

삶, 여정, 이끄심

| 고위 콜로키움

시에서 오후 4시까지 실천신학 주제들을 놓고 무려 30주를 교수와 목사들이 함께 씨름하면서, 설립될 실천신학대학원이 구상하는 '구조화된 커리큘럼'(structured curriculum) 실험에 들어갔다.

구조화 커리큘럼은 종교사회학, 교회론, 사역론, 예배학, 교육론, 교회안의 작은 교회(ecclesiolae in ecclesia), 선교론을 중심주제인 '하나님 나라'(Basileia tou Theou) 사상에서 풀어가는 통합커리큘럼이었다.

여기에는 김병서(이대), 김광식(연대), 이계준(연대), 정진경(신촌성결) Dr. Charles McCoy(P. S. R.-필자의 주임 교수) 나 그리고 특강에 황교안 검사(당시 부장 검사, 후일 법무부 장관, 총리)가 강사로 참여하였다.

특히 나의 주임교수셨던 McCoy 박사는 예일대학교 신학대학원 H. Richard Niebuhr 교수의 제자였으며, Religion in Higher Education과 Business Ethics(기업윤리)의 전문가였다. 선생님은 나

| Dr. Charles McCoy 강의

| Dr. Charles McCoy

삶, 여정, 이끄심

의 유학시절 나와 아
내를 위해 특별한 관
심으로 돌보아 주시
고, 대학원 설립에도
남다른 관심과 열정
을 보여주셨다.

| 제2기 홍성국 목사 그룹

1년차 고위 콜로키
움은 성공적이었다.
이 경험에서 나는 실천신학대학원의 큰 그림을 그리고 있었다.

지난 수백 년 동안 세계 모든 신학교가 범해온 한 가지 큰 과오
는 일명 '네 패턴'(Four - fold pattern)으로 불리는 성서신학, 역사신
학, 조직신학, 실천신학이라는 학문적 범주에 매여, 전공 외의 다른
전공에는 무관심할 뿐 아니라, 다른 전공과의 '간 학문적 대화'(inter
disciplinary discourse)까지 포기한, 그래서 파편화된 신학 교육에 빠져
있었다는 점이다. 그 결과 온전한 신학자, 온전한 목회자를 양성하지
못했다.

콜로키움 제2기에는 홍성국 목사(평촌감리교회 담임), 정신춘 박사(건
축 설계), 박동규 박사(경영학) 이용옥 원장(국제영어학원)이 참여하여 성
황을 이루었다.

30장

실천신학대학원대학교 설립총회

2000년 10월 6일

2000년 10월 6일 금요일은 새 천년(new millenium)을 연 첫 해였다. 저녁 6시 남산타워 호텔 렉스룸에는 설립추진위원, 교계지도자, 실천신학교수, 콜로키움 수료원생 목사님들, 연합교회 교우 100여 명이 운집하였다.

이날은 실천신학대학원대학교 설립을 공식화하는 총회 날이었다. 설립총회는 공동위원장 손인웅 목사(덕수교회 - 통합)의 사회로 개회예배가 시작되었다. 기도는 김옥라 박사(각당 복지재단 이사장, 정동제일교회 장로)께서, 말씀의 증언은 정진경 박사(신촌성결교회 담임)께서, 격려사는 Dr. McCoy(나의 주임교수)께서 담당해 주셨다.

예배와 식사가 끝나고 이어 대표회장인 나는 개회를 선언하고 회무에 들어갔다.

삶, 여정, 이끄심

회무

1. 개회선언....................은준관 목사

2. 경과보고....................유경재 목사(안동교회 담임)

3. 초대 이사진 선출

　이사장 은준관 박사 (전 연세대 교수)

　이사 정진경 박사 (호서대 이사장)

　김한옥 목사 (용두동교회 - 기감)

　류종길 목사 (백합교회 - 기성)

　임영수 목사 (주님의 교회 - 통합)

　김옥라 박사 (각당 복지재단)

　곽선희 목사 (소망교회 - 통합)

　손인웅 목사 (덕수교회 - 통합)

　정철범 주교 (대한성공회)

　임태종 목사 (울산교회 - 기감)

　정희경 박사 (전 국회의원)

　김현철 변호사 (전 서울고검장)

　감사 유경재 목사 (안동교회 - 통합)

　김영헌 목사 (은평교회 - 기감)

　설립총회는 정부가 정한 절차에 따라 진행되었으며, 이때부터 모든 행사는 '공식적'이어야 했다.

　그리고 설립총회 이후 모든 진행과 절차는 이사장의 책임이었다. 이때 모든 진행을 지켜보던 아내는 기쁨 반, 염려 반이었다. 70을 바

| 설립총회

라보는 나이에 이 거대한 과제를 떠안은 남편이 안쓰럽고 불안해 보였던 모양이다. 그러나 아내는 평생 모든 것을 긍정하고 도와주는 따뜻한 내조자였다.

설립총회가 끝나고 몇 배로 가중된 책임은 나를 억누르기 시작했다. 콜로키움의 성공은 '소프트웨어'의 가능성을 열어주었지만, '하드웨어'인 학교 부지를 찾는 일은 앞이 보이지가 않았다. 봉일천 공장 공매, 경기도 양동(세선회), 강원도 원주 폐교된 학교를 찾아다니며 대학원 부지를 물색했으나 모두 실패로 돌아간 후였다.

그러던 2000년 11월 1일 수요일 저녁, 나는 김완중 목사(양광교회 담임, 콜로키움 1기, 대학원 감사)의 초청으로 양광교회를 찾았다. 당시 양광교회는 질적으로 부흥하고 있던 교회였다.

그때 목사실에 낯익은 현호경 목사님이 들어오셨다. 우리는 인사를 나눈 후 대화를 시작했다. "지금 목사님, 어디에 사십니까?" 내가 물었

삶, 여정, 이끄심

| 김애선 사모

다. "예, 저는 지금 경기도 이천시 신둔면 인후리 깊은 산속에 살고 있습니다." "예? 산속에요?" "예, 임야는 4만 평이 조금 넘고, 평지는 4, 5000평정도 되는 땅입니다."

그날은 봉일천 공장 경매에 실패하고 큰 좌절에 빠졌던 때였다. 이때 내 눈이 번쩍 뜨였다. 혹시 대학원 부지? 나는 속으로 흥분하기 시작했다. 눈치를 채신 현 목사님은 "혹시 땅을 찾고 계신가요?"라고 물으셨다.

예배가 끝나고 목사실에서 다시 만난 나는 목사님에게 실천신학대학원대학교 설립과 부지를 물색하고 있다는 사실을 소상히 말씀드렸다. 이때 현 목사님은 땅 주인은 조카 이보명 사장이고, 지금 땅을 매각하려 한다고 하셨다.

그로부터 닷새 후, 2000년 11월 6일, 아내와 나는 무작정 경기도 이천시 신둔면 인후리를 찾아 내려갔다. 면 소재지 신둔면에서 산속

| 현호경 목사님과 흙집

까지는 약 4km, 좁고 험한 농토 길이었다. 그러나 산골짜기에 들어서는 순간 넓게 둘러싼 산과 나무 그리고 개발되지 아니한 평지를 보는 순간 우리는 매혹되고 말았다. 1년 가까이 경기도 일대를 휘더듬었던 수고가 종착지에 '골인'하는 느낌이었다.

현 목사님은 고교 교장, 배재대 사무처장을 역임하시고 목사가 되신 후 만주선교를 꿈꾸시다가 갑작스런 사모님의 별세로 모든 것을 접고 사모님이 안치되어 있는 이곳 가까이에 사시려고 조카 땅에 흙집을 짓고 사시던 중이었다.

긴긴 대화 끝에 목사님은 조카와 대학원 사이의 중재자로 자청하고 나셨다. 토지대금은 10억원이었다. 그러나 그때 모금된 돈은 2억 원뿐이었다. 이때 어느 누가 옆에서 묘수 하나를 귀띔해 주었다. 5000만 원을 헌금하는 10명을 모집하여 5억을 만들고, 거기에 1억을 보태 6억으로 흥정을 해보라는 제안이었다.

삶, 여정, 이끄심

현 목사님의 설득과 주선으로 이보명 사장과 대학원은 6억으로 흥정을 끝내고, 나는 즉시 10명 모집에 들어갔다. 이때 은길관 사장, 임태종 목사, 이교용 박사, 박동규 박사, 이용옥 원장, 김현철 장로, 오세정 집사, 은원예 집사, 김애선 사모(은 목사)가 참여하였다. 10명에게는 주택 부지 200평씩을 분할해 주는 조건이었다.

계약은 이사장인 내 이름으로 했으나, 이 땅은 열 분이 매입한 땅이었으며, 200평씩 분할한 후, 나머지 4만여 평은 모두 대학원에 기증하였다. 결국 대학원은 1억 원으로 4만평을 학교부지로 확보한 것이다. 이 모든 과정은 은준관의 작품도, 설립위원회의 공로도 아니었다. 온전히 하나님의 계획 안에서 진행되는 하나님 작품이었다.

2001년 3월 10일, 대학원은 4만여 평을 대지로 소유하는 큰 축복을 받았다.

❘ 인후리 땅 전경

31장

학교법인 취득 그리고 교사 건축

2001년 3월 10일, 이보명 사장과 설립이사회는 정식계약을 체결하고, 대학원은 부지 4만 평을 확보하는 쾌거를 올렸다. 이것은 '불가능'(不可能, impossible)의 '가능'(可能, possibility)이었다.

아직은 풀만 우거진 황무지였으나, 이 땅은 하나님께서 주신 약속의 땅이 분명했다. 우리는 한순간에 '땅 없음'(landless people)의 방랑객(vagabond)에서 땅을 차지한 백성(landed people)으로 우뚝 선 느낌이었다.

그러나 기쁨은 잠시, 설립본부는 그다음 절차와 마주해야 했다. 교육부로부터 '학교법인' 인가를 받아야 하는 차례가 다가왔다. 이때 박성율 목사가 앞장서서 작업을 시작했다.

수십 가지 서류를 준비하는 과정에서 가장 큰 걸림돌 하나가 발견되었다. 학교로 연결되는 진입로가 없었다. 거기에다 밑의 동네, '인후리'라는 동네의 악의적인 비협조는 이중으로 고통을 가해 왔다. 때로

삶, 여정, 이끄심

는 길을 막기도 하고, 유언비어로 대학원을 수도원이라고 헐뜯어 학교설립 자체를 원천적으로 비난하고 나섰다. 그리고 학교부지와 맞붙은 바로 밑의 집은 자기 집 앞길을 가로막고 우리를 오도 가도 못하게 만들었다.

그러던 어느 날 박성율 목사는 학교부지에 인접한 산줄기를 추적하다가 산 주인의 이름과 주소를 알아냈다. 산 주인은 서울에 거주하는 김명훈이라는 분이었다. 나는 정중하게 김명훈씨에게 나 자신을 소개하고 한번 뵙기를 청하는 편지를 띄웠다.

2001년 12월 16일 전화가 걸려왔다. "저는 편지를 받은 김명훈입니다." "아 네, 저는 은준관 목사입니다. 전화 주셔서 감사합니다. 저는 연세대학교에서 교수를 하고 지금은 은퇴한…" 이렇게 말을 시작하자, 김명훈 씨는 "목사님, 저는 목사님을 잘 알고 있습니다"라고 답하였다. "네? 저를 아신다고요?" 대한민국 5000만 인구 중의 한 사람, 대학원의 성패를 가늠할 열쇠를 쥔 김명훈이라는 분이 나를 안다는 사실! 그것은 또 하나의 기적이었다.

다음 날 2001년 12월 17일 나는 연세대 알렌관에서 김명훈 씨를 만났다. 이때 박성율 목사는 지도를 가지고 동석했다. 김명훈 씨는 연세대 철학과 출신, 부인은 교육학과 출신 동문이었으며, 광림교회 시무장로였다.

점심을 함께하면서 나는 실천신학대학원에 대해 모든 이야기를 나눴다. 경청하시던 장로님은 "제가 무엇을 도와 드릴 수 있겠습니까?"라고 물으셨다. 이때 나는 진입로 문제로 어려움을 겪고 있다고 했다. 그리고 진입로를 위해 장로님 땅 400평을 매입하고 싶다고 했다.

한참 동안 지도를 살피시던 장로님은 "목사님, 대학원이 필요로 하는 땅 400평을 무상으로 기증하겠습니다." 그 순간 나는 정신이 혼미해졌다. 그리고 "감사합니다"를 연발했다. 이어 장로님은 산 중턱 400평을 대학원 진입로로 기증한다는 서류를 즉석에서 만들고 서명해 주셨다. 그리고 그 밑에 인접한 땅 100여 평은 6500만 원을 주고 매입하였다. 이렇게 하나님의 기적은 계속되고 있었다.

그리고 다음 단계는 가장 어렵다는 학교법인 취득이었다. 학교경영 경험이 전무했던 나는 우선 교육부가 요구하는 서류작업부터 준비하기 시작했다. 준비해야 할 서류는 수십 가지였다.

그때 나는 또 한 번의 큰 벽과 마주하였다. 재단기금 6억이 필수요건이었다. 당시 모금액은 1억 정도뿐, 나머지 5억을 만들어야 했다. 이때 나는 또다시 서서히 무너지기 시작했다. 끝이 보이지 않는 이 길을 달려온 지 만 2년, 이제는 탈진(burn out)에서 탈출할 기력조차 잃

❙ 은 장로, 강 권사

삶, 여정, 이끄심

고 있었다.

그리고 나는 속으로 모든 것을 포기하고 있었다. 여기까지가 나의 한계라는 사실을 자각하게 된 것이다. 돈 한 푼 없는 교수가 학교를 설립한다는 자체가 처음부터 잘못된 발상이었다.

바로 그때 동생, 은길관 사장에게서 전화가 왔다. "형님, 여기서 일을 중단할 수는 없지 않습니까?" "은 사장, 내가 어디서 6억을 만들어?" "형님, 제 공장을 대학원 수익재단으로 기증하면 안 될까요?" "은 사장, 그 공장은 은 사장에게 생명과 같은 건데, 어떻게?"

동생은 좋은 직장에 있었으나, 쓰러져가는 광산에 손을 댔다가 불행을 겪은 후였다. 그러나 실패와 싸우면서 친환경 사업 하나가 적중하면서 겨우 마련한 공장을 대학원을 위해 바치겠다는 그 마음에 나는 감동을 받았다. 그러나 선뜻 응할 수가 없었다.

"형님, 이 회사는 하나님의 은혜로 받은 선물인데, 하나님의 교육을 위해 기쁘게 바치겠습니다."

이때 목사인 나는 오히려 부끄러워졌다. 그리고 동생은 공장 기증서를 가져오고 나는 모든 서류들을 묶어 교육부에 제출하였다. 이때가 2002년 2월 말이었다.

그리고 한 달 후 2002년 3월 중순 내 집 우편함에는 커다란 서류봉투 하나가 꽂혀 있었다. 교육부로부터 반송된 서류였다. 은 사장이 기증한 공장은 '실적 부족'으로 수익재단으로 인정할 수 없다는 내용이었다. 우리는 또다시 허탈감에 빠져 아무것도 할 수 없는 막다른 골목으로 몰렸다.

이때 은 사장이 다시 전화를 걸어왔다. "형님 한 번만 더 모험해 보십시다." "아직 모험의 여지가 남았던가?" "저는 공장을 담보로 2억을 만들 테니, 형님은 형님 집을 담보해서 2억5천을 만드시겠습니까?"

나는 아찔했다. 한평생 모아 만든 재산이라곤 이 빌라 하나뿐인데 어느 세월에 담보 빚을 갚을 것인가라는 생각이 스쳐 지나갔다.

솔직히 그때 나는 큰 시험에 빠졌다. 이미 1억 이상을 학교 설립에 헌금한 아내에게 할 말을 잃었다. 이때 눈치를 챈 아내는 "여보, 우리 둘 다 피난 따라지예요. 무일푼으로 결혼에서 여기까지 온 것, 우리 하나님 은혜에 감사하십시다."

그리고 아내는 집을 담보 잡아 2억 5천만 원을 만들고, 그동안 아끼고 아껴서 저축한 1억을 모두 털어 3억 5천만 원을 만들었다.

은 장로 2억, 우리가 3억 5천, 모금액 오천을 묶어 6억을 만들어 다른 서류와 함께 교육부에 다시 제출했다. 여기에는 박동규 박사와 L. 박사의 수고가 숨어 있었다.

그리고 두 달 반 후인 2002년 5월 30일, 교육부로부터 '학교법인 실천신학대학원대학교'로 인가가 허가된 서류가 도착했다.

법인허가서류를 손에 드는 순간, 나는 감격보다 온몸에서 기운이 빠져나가는 전율을 느꼈다. 이제부터 '가칭'(假稱)이라는 딱지가 떨어지고 '학교법인'(學校法人)이라는 공식명이 붙게 된 것이다.

이때 학교설립은 3분의 2 능선을 넘어가고 있었다. 이때부터 모든 행정, 모금, 회의는 법이 정한 절차에 따라 진행되고 또 기록으로 남겨야 했다. 그러나 이때도 아직 가나안 땅에 입성한 것은 아니었다.

아직은 강 건너 약속의 땅 가나안을 바라보며, 우리는 요단강 동쪽 모압 평야에 그대로 남아 있었다. 마지막은 요단강을 건너가서 땅을

삶, 여정, 이끄심

차지하고 집을 짓는 일이었다. 이때 모세는 죽었지만, 나는 살아서 모세와 여호수아의 몫까지 담당해야 했다.

그러나 이때 나는 많이 지쳐 있었다. 학교교사 건축에 필요한 20억을 두고 또다시 실의에 빠져들었다. 그러나 여기까지 온 나는 그대로 쓰러질 수는 없었다.

그래서 건축 모금을 위해 TBC 성서 연구 제II판 개정 작업에 들어갔다. 건축 기금을 만들기 위한 방편이었다. 제1판 총 104과에서 교회사를 뺀 70과로 축소하고, 70과를 구약 40, 신약 30과로 재구성하고, 비디오를 DVD로 바꾸기 시작했다.

다소 단순했던 TBC 제1판에 많은 보조 자료와 주해를 첨가했다. 거의 완벽에 가까운 분문해설, 역사적 배경, 신학적 의미를 보완했다. 그리고 전국을 순회하면서 TBC와 실천신학대학원의 청사진을 소개했다. 이때 100여 교회가 동참해주었다. TBC는 원금을 제외한 모든 수익을 대학원기금으로 입금하였다.

그 사이 고위 실천신학 콜로키움 출신인 정시춘 박사(후일 본교 겸임 교수)께서 인후리 산과 지형을 따라 아름답고 검소한 학교 본관과 예배실을 설계했다. 설계는 많은 이들의 절찬을 받았다.

그리고 2003년 3월 14일, 당시 학교법인 이사였던 정철범 주교(대한성공회)의 주선으로 정 주교와 나는 경기도 손학규 지사를 만났다. 서로 인사가 끝나자 손 지사께서 일화 하나를 들려주었다.

1900년대 손 지사 어머님이 정동제일교회 유치원에 다니셨고, 부모님이 정동제일교회에서 결혼식을 올렸다고 해서 모두 웃었다. 손 지사는 국제적 감각을 가진 신사인데다 분위기를 자연스럽게 이끄는 정치지도자였다.

이때 정 주교께서 실천신학대학원을 소개하고 동네로부터 학교까지의 도로 문제를 말씀드렸다. 지도를 유심히 살피고 난 손 지사는 소요액에 동그라미를 치고, 동석한 해당 국장에게 서류를 넘기면서 눈짓으로 무언가를 지시했다.

2주 후 정 주교로부터 전화가 왔다. "목사님, 반가운 소식입니다. 손지사께서 도로를 위해 10억 원을 배정했다고 합니다." 그 순간 나는 또다시 말을 잃은 채 "주교님, 고맙습니다."라는 말로 인사를 대신했다.

이때 지치고 우울했던 내 영혼은 다시 한 번 따뜻한 손으로 붙잡아 일으키시는 하나님의 손길을 느꼈다. 그것은 마치 로뎀나무 밑에서 죽기를 간구하던 엘리야의 손을 붙잡아 일으키셨던 하나님의 손길이었다.

이때 나는 하나님의 기이한 역사방법 하나를 배웠다. 하나님의 역사방법은 모든 것을 한번에 쏟아부어 주시는 '소나기'식 방법이 아니었다. 실타래를 하나씩(one at a time) 풀어가도록 도우시는 방법이었다.

이제는 마지막 관문인 학교 건축만을 남겨두게 되었다. 20억원이 소요되는 건축이지만, 그때 이상하게 나는 초조하지 않았다. 건축을 앞에 두었지만 나는 고위 실천신학 콜로키움의 후속인 '비전 300 소사이어티'(Vision 300 Society)를 구상하고 참여주체를 모집하고 40여명의 교수와 목회자가 공동교수로 참여하였다.

2004년 3월 4일 세미나는 강남에 위치한 성서공회(민영진 박사, 총무) 강당에서 70여 명의 목회자가 성황을 이루고, 교회론을 시작으로 실천신학 주제들을 논하기 시작했다.

삶, 여정, 이끄심

월 1회 세미나는 12회를 끝으로 2005년 11월 대단원의 막을 내렸다. 이때 '비전 300 소사이어티'는 많은 동역자와 동지를 얻는 소중한 모임이었다.

이때는 학교건축이라는 마지막 과제를 안고 씨름하고 있을 때였다. 2004년 봄 어느 날 법인 이사셨던 임영수 목사 (주님의교회 담임)께서 전화를 주셨다. "목사님, 지금 학교설립에 가장 큰 문제가 무엇인가요?" "건축입니다." "주님의 교회 집사 한분이 건축업을 하고 있는데 소개해 드릴까요?" "네 좋습니다."

며칠 후 나는 강남 인터컨티넨탈 호텔에 있는 커피숍에서 임 목사님과 건축업자 박재준 사장과 장 전무를 만났다. 여기에는 건축위원장 손인웅 목사가 동석했다. 차를 마시는 동안 임 목사는 실천신학대학원대학교에 대해 설명하고, 나는 부가설명을 추가하였다.

그런데 박 사장과 장 전무는 우리 이야기는 듣는 체만 하고, 학교건축 도면을 보면서 서로 토론을 계속하였다.

헤어지면서 임 목사는 나에게 한 가지를 귀띔했다. "학교를 외상으로 지어주고 후에 갚을 수 있을 것 같다"라는 내용이었다.

그다음 날 이천 인후리 현장에서 박성율 목사가 전화를 해 왔다. 학교부지에 강산건설 장 전무와 토목 담당 이사 그리고 스태프들이 와서 현장을 조사하고 돌아갔다는 보고였다.

아직 정식 계약도 맺지 않고 구두로만 이야기를 나눈 상황에서 건축부터 시작하는 것이었다. 무일푼이던 나는 이 엄청난 진행과정에 밀리고 밀려 그저 감사하다는 말로 지켜볼 수밖에 없었다.

2003년 9월 중순 육중한 건설 장비들이 황무지에 들어서기 시작했다. 그러나 인후리 주민들은 다시 길을 막고 장비통과를 저지하고 나섰다. 공사 일정이 한 달 가량 늦어지면서 시작도 하기 전에 공사비는 높이 치솟기 시작했다.

박 목사의 설득 끝에 마을 기금 5000만 원을 주는 조건으로 공사가 진행될 수 있었다. 이때 나는 집단 이기주의가 쏟아내는 무서운 독소를 처음으로 경험했다.

2003년 10월 16일 목요일, 진입로 예정지 밑에는 조촐한 기공예식이 열렸다. 기공식에는 정희경 박사(전 국회의원, 청강학원 이사장, 당시 본교 이사), 정시춘 박사(설계자), 박동규 박사 내외, 강산건설 박 사장과 장 전무 그리고 아내와 내가 참여하였다.

2005년 3월 개교를 목표로 시작한 건축은 도로개설, 토목공사, 교사건축으로 이어지고 강산건설 직원들의 헌신은 불가능을 가능으로 창조해 갔다. 놀라운 기적이었다.

건축이 끝날 때까지 돈 한 푼 받지 못한 상황에서도 강산건설은 모든 것을 아름답게 마무리했다. 이것은 또 하나의 기적의 '장'(章, chapter)이 되었다.

| 학교 모형도

32장

교육부 실사 그리고 설립 인가

2004년 6월 29일 강산건설의 건축완공과 때를 맞춘 본부는 설립 허가에 필요한 제반서류를 준비하고 그다음 날 6월 30일 오후 4시 30분, 접수마감 30분 전에야 겨우 교육부에 접수하였다. 그것은 007 작전이었다.

일산 법인 사무실(나와 이선영 간사), 인후리 현장(임태종 이사와 박성율 총무) 설계자 정시춘 박사(강남)는 각기 있는 장소에서 인터넷으로 서류를 점검하고 종합하는 작업에 총력을 기울였다.

오후 5시 마감 30분 전, 제반 서류를 접수시켰다. 마감시간 1분만 늦어도 1년을 더 기다려야 하는 숨 가쁜 질주였다.

며칠 후 교육부로부터 '실사'(實事)에 필요한 지침서가 내려왔다. 2004년 9월 3일 교육부는 학교를 방문하여 행정, 학사, 재정, 경영의 적법성을 검증하겠다는 공문이었다. 지침서를 받은 우리는 곧바로 밤샘 작업에 들어갔다.

삶, 여정, 이끄심

이때 서울 주재 도이치뱅크 사장의 비서실장 양성희 님(영락교회 양은석 집사와 부인 구미례 목사의 딸)의 주선으로 우리는 은행에서 사용하던 고급 테이블, 캐비넷, 이동 서고 20여 개를 각각 1만 원씩을 주고 매입하였다.

이 집기들은 교수 연구실, 사무실, 도서관을 우아한 분위기로 꾸며 주었다. 1,000만 원 상당의 집기를 20만으로 사서 꾸민 것이다. 그리고 나는 우리집 서재에 꽂혀있는 신학전문도서 2,000여 권을 끌어내리기 시작했다.

한평생 모아온 영문 원서만도 1700여 권, 칼 바르트의 『교회 교의학』 12권을 시작으로 조직신학, 성서신학, 교회사, 실천신학 특히 내 전공인 기독교교육 분야까지 모든 영역의 책들을 상자에 담기 시작했다. 한 권 한 권에 라벨을 붙이고 전문별로 분류해 담기 시작한 지 10여 일이 지났다. 이때 옆에서 거들어 주던 아내가 "많이 섭섭해요?"라고 물었다. "응, 많이요." 내 대답이었다. 이때 솔직히 내 마음은 속으로 많이 슬펐다. 두 딸을 시집보낼 때보다 더 슬펐다.

이 책은 내 학문의 터전일 뿐 아니라, 유학시절 없는 돈을 쪼개고 또 쪼개 한 푼 한 푼 모은 돈으로 구입한 내 생명과 같았기 때문이었다.

눈치를 챈 아내는 "많은 사람이 읽게 된다고 생각하고 위로 받아요" 아내의 격려였다. "그건 그렇지…"

이때 일산 사무실에는 내 책 외에 박원기 박사(이대 교수, 교목실장), 김병서 박사(이대 사회학 교수), 신현순 박사(이대 교수), 이계준 교수(연대 교목실장 역임), 성서공회 민영진 박사, 감신대 김재은 교수, 한신대 박영배 교수, 장신대 이형기 교수(교회사)가 기증한 책들로 쌓여 있었다. 그렇기에 도서관은 비교적 튼튼한 기반을 갖추고 있었다.

그리고 세미나실 집기, 사무실 집기, 주방시설, 식당 테이블은 사랑의 교회 옥한흠 목사님과 동생 은길관 사장의 도움으로 마련되었다.

강당을 겸한 예배실은 성애성구사 사장 임선재 장로께서 기증한 제단과 의자로 경건하게 꾸며지고, 전자오르간은 쌍용정유회사 사장인 장석환 집사(내 사위 장홍준 집사의 부친)께서 기증해 주시고, 피아노는 김찬주 장로, 권선자 권사(연합교회)께서 기증하셨다.

그리고 실사를 준비하는 과정에는 L 박사와 임태종 목사, 박성율 목사, 이선영 간사의 숨은 공로가 들어있다. 그리고 젊은 나이에 고인이 된 윤준재 집사(artists, 연합교회)는 학교 로고와 학교 간판을 디자인해 주었다.

실사를 며칠 앞둔 2004년 8월, 설립 이사회는 2005년 개교와 함께 나를 초대 총장으로 내정하였다.

그때 내 나이 72세, 은퇴할 나이에 총장직을 맡는 것은 무리였지만, 일을 마무리해야 하는 상황에서 달리할 수가 없었다.

이렇게 진행된 2004년 여름은 너무도 길고 덥고 지루한 여름이었다. 이때도 따뜻한 내조를 아끼지 아니한 아내와 동생 은길관 사장 그리고 연합교회 성도들의 기도와 지원이 나를 지탱해주었다.

2004년 9월 2일, 교육부 실사 전야, 나와 아내 그리고 모든 스태프들은 경기도 광주 근교의 한 아파트에서 하룻밤을 지새우며 9월 3일 실사를 준비했다.

2004년 9월 3일, 실사 당일은 금요일이었다. 이날은 우리에게 성금요일(Good Friday)이 아니라 블랙프라이데이(Black Friday)였다. 총장

삶, 여정, 이끄심

실에는 나 외에 이사 몇 분, 후보 교수 셋이 초조히 대기하고 있었다. 오후 2시 심사위원 9명은 미니버스로 학교에 도착했다.

정문에서 맞이한 우리는 총장실로 안내하였으나 그들은 바로 실사 장인 강당으로 직행하였다. 대부분 대학 교수들인데도 그들은 의식적 으로 공포분위기를 조성하고, 우리를 죄인 다루듯이 하였다. 이것이 후진국을 벗어나지 못한 관료왕국의 한 작태였다.

드디어 실사가 시작되었다. 당시 이사장인 나는 "저는 은준관 목사, 교수입니다. 오셔서 감사합니다"라는 한마디 말로 인사를 대신했다. 그리고 임태종 이사가 준비한 프레젠테이션에서 영상을 통해 학교를 소개했다.

이어 분야별 심사가 시작되었다. 이사회 분야는 나와 손인웅 목사, 미래 계획은 임태종 목사, 행정은 박성율 목사와 이선영 간사가, 교수 는 예비교수 김용성 박사 외에 둘이 질문에 응하였다.

심사는 오후 2시에서 4시까지 두 시간 동안 진행되었다. 실사가 끝 나자 우리는 모두 퇴장하고 강당에서는 실사위원들이 모여 평가모임 을 가졌다.

오후 5시 회의를 끝낸 심사위원들은 교실, 식당을 둘러보고 도서관 에 들어섰다. 철재로 만든 이동식 서고를 열고 가득히 채운 신학 원서 들을 유심히 보고, 제목을 유심히 훑어보는 심사위원들 표정에는 다 소 놀라는 기색이 역력하였다. 도서실은 학교의 얼굴임을 그들은 잘 알고 있었다.

그날 오후 5시 심사위원들은 서울로 돌아가고 우리는 사무실에 둘 러 앉아 커피 한잔을 마시면서 블랙 프라이데이를 넘긴 것을 자축했다. 그리고 우리는 하나님의 도우심을 간구하는 기도로 하루를 마무리했다.

그리고 우리는 초조하게 기다렸다. 그러나 2004년 10월 하순까지 두 달 동안 아무런 통보가 없었다. 하는 수 없이 나는 석좌교수로 내정되어 있던 박영신 박사(연대 사회학과)와 당시 교육부 장관이었던 안병영 박사(연세대 행정학과 교수) 사무실을 방문했다. 그리고 장관 보좌관을 만나 대학원대학교 설립에 대한 협조를 부탁했다. 그리고 연합교회 성도였던 L박사의 숨은 노고가 곁들었다.

2004년 10월 30일 토요일, 실사가 끝난 지 두 달 후, L박사로부터 전화가 걸려왔다.

"목사님, 축하드립니다."

"네?"

"교육부로부터 대학원 설립이 허가 되었습니다."

"정말인가요?"

"네 목사님, 오늘 오전에 설립허가서를 받아 가시랍니다."

"네, 박사님, 나와 함께 가주시겠습니까?"

이미 주 5일제가 실시되던 중앙 청사를 찾았다. 텅 빈 사무실에는 L사무관만이 홀로 우리를 기다리고 있었다. L사무관은 실사 때 팀을 인솔하고 내려왔던 공무원이었다.

"목사님, 축하드립니다."

"사무관님, 참으로 고맙습니다."

그리고 나는 '설립 허가서'라는 서류를 받았다. 이제는 학교를 개교하는 것이다. 이때의 기분은 박사학위를 받았던 때 다음으로 찾아온

삶, 여정, 이끄심

내 생의 두 번째 하이라이트였다.

내가 대학원대학교를 설립하다니⋯ 이것은 온전히 하나님의 은혜와 경륜하심이었다. 집으로 돌아오는 남편을 반겨준 사람은 아내였다. 우리는 서로를 마주보며 한참을 말없는 미소로 눈 대화를 나눴다.

지난 7년간, 단 하루의 쉼도 없이 달려온 숨 가쁜 이 긴 여정, 수도 없이 쓰러지고 좌절했던 순간순간의 고통을 뚫고 얻은 결실이기에 감회는 더욱 깊었다.

그리고 나는 그날 밤 관계된 모든 사람들에게 이 소식을 알렸다.

11
막

작은 거인의 태동

33장

역사적 개교, 교육 실험

2005. 3. 3.

하나님나라를 이 땅에서 꿈꾸는 순례자들의 합창은 2005년 3월 3일 목요일, 이곳 인후리 산골짜기에 자리 잡은 캠퍼스에서 세계교회와 한국교회를 향해 힘차게 울려 퍼졌다.

7년 동안 쌓아온 모든 것이 '개교'(開校)라는 역사적 순간 속에 용해되어, 한국교회와 세계교회를 섬길 실천신학 전당으로 탄생하는 순간이었다.

그리고 과거 어느 누구도 가 보지 아니한 '실천신학의 구조화된 커리큘럼'(structured curriculum)과 '팀 티칭'(team teaching)을 실험하는 출발이었다.

지난 400년 동안 신학은 '성서신학, 역사신학, 조직신학, 실천신학'으로 범주화되었고, 그 틀 안에서 전공이라는 이름으로 파편화되었다. 특히 '전공'(專攻, professonal)이라는 이름으로, 신학이 추구해야할 '통전성'(totality)을 포기하고, 오히려 난도질해온 것이다.

| 개교식

　여기에 대하여 실천신학대학원의 구조화 커리큘럼과 팀 티칭은 기독교신앙의 핵심구조인 "하나님나라 – 역사 – 교회"라는 성서적 테마를 교회론, 사역론, 예배학, 교육학, 코이노니아(koinonia), 선교학으로 풀어보는 혁명적 통합적 커리큘럼이었다.

　개교식은 2005년 3월 3일 오전 10시, 이사진과 교수단의 입장으로 300여 회중과 함께 찬송 248장 〈시온의 영광이 빛나는 아침〉으로 하나님 앞에 감사와 영광을 드렸다. 찬송을 부르는 동안 내 영혼은 한없는 감사와 참회, 환희와 슬픔으로 교차하고 있었다.

　그동안 수많은 장애물들을 넘고 또 넘어 우리를 약속의 땅, 가나안으로 인도해 주신 하나님 앞에 감사하고 있었다. 하나님만이 아시는 아픔과 눈물이었다. 그 순간, 나는 예배실 창 밖에 길게 놓인 산과 나무 그리고 하늘을 쳐다보았다.

　그러다가 갑자기 회중 맨 앞자리에 앉아 있는 제1기 신입원생 22명의 얼굴과 마주하였다. 깜짝 놀란 나는 '무의식적 환상'(unconsciousness

　　　　　　　　　　　　　　　　　　　　삶, 여정, 이끄심

dream)에서 깨어나, 한 사람 한 사람의 얼굴을 익히기 시작했다. 21명의 목회자와 한 평신도 교수의 얼굴에는 비장함과 미래를 꿈꾸는 소망이 깊게 드리워 있었다.

그리고 회중 가운데는 여러 교단 중진 목회자, 평신도 지도자들이 눈에 띄었다. 그중에는 한국 농촌을 '농약'으로부터 해방한 풀무원 창시자 원경선 선생님이 함께하고 있었다. 원경선 선생님은 1954년 내가 신학교 2학년 시절 한 성서 연구모임에서 내게 '구원사'(救援史, salvation history)와 칼 바르트를 소개하신 분이었다.

그날 설교는 박영신 박사(연세대 사회학 교수, 본교 석좌교수)께서 담당하시고, 나는 총장 취임서약을 했다. 그리고 취임사를 통해 학교의 미래와 비전을 제시하였다.

총장 취임사 (전문)

이름도, 존재 이유도 특별한 실천신학대학원이라는 세계 최초의 학문 공동체가 역사 무대 위에 등장하고 그 출발을 알리는 오늘의 감격 뒤에는 모든 과정을 온전히 주관하시고 경륜하시는 하나님의 놀라운 인도하심이 있었습니다.

그리고 여기에는 한국교회를 하나님의 주권과 경륜하심에 두고 새롭게 세우고자 뜻을 같이하고 헌신한 300명의 목회자, 평신도 지도자 그리고 성실한 기독교 기업 '강산 건설' 외 많은 분들의 희생과 섬김이 뒷받침하였습니다.

이 시간 모든 영광을 하나님 앞에 드립니다. 그리고 동역자되신 모든 분들, 한 분 한 분에게는 깊은 감사와 사랑을 드립니다.

오늘 한국교회가 서 있는 현존의 자리를 '교회성장 이후기'(After church growth) 라고 합니다. 화려했던 1970년대, 1980년의 교회성장의 영광은 서서히 사라져 가고 있다는 아픔의 상징입니다.

그러나 역설적으로 성장 이후는 하나님 백성 모두가 참여하는 공동체가 태동될 수도 있다는 사인(sign) 이기도 합니다.

이것을 우리는 교회의 패러다임전환(paradigm shift) 이라 부릅니다. 교회성장 패러다임으로부터 하나님나라 백성공동체로 전환하는 의미입니다.

우리 앞에 성큼 다가온 21세기를 헤쳐 나가야 할 한국교회! 하나님께서 들어 쓰시는 한국교회는 다음 몇 가지의 패러다임 전환을 과감히 수용해야 한다고 생각합니다.

그 처음은 교회중심주의로부터 과감히 벗어나야 합니다. 오늘 한국교회가 겪고 있는 문제중심에는 교회지상주의가 자리 잡고 있기 때문입니다. 교회가 신앙의 중심자리를 포기하는 그때, 그곳에 하나님의 통치하심이 시작되기 때문입니다. 이것이 첫 번째 패러다임입니다.

그 다음 한국교회는 '평신도'라는 틀 안에 하나님의 백성을 묶어두고 그들을 수동화하고 객체화하여 그들을 비인격화해 온 목회적 - 정치적 구도로부터 벗어나야 합니다.

성경 그 어디에도 목회자와 평신도라는 계급적 구분은 존재하지 않으며, 오직 하나님의 부르심을 받은 하나님의 백성만이 존재했으며, 직임의 구분은 '은사'의 구분뿐이었습니다.

21세기 한국교회가 성직자 - 평신도의 계급적 구도를 넘어 목회자 평

삶, 여정, 이끄심

신도 모두가 한 하나님 백성공동체를 받아들이는 순간, 그동안 잠겨있던 평신도의 잠재력과 에너지는 하나님나라를 증언하는 강력한 힘으로 전환될 것입니다.

패러다임 세 번째는 지나치게 편중되어 있는 '예배'와 '설교'의 신앙구조로부터 벗어나야 합니다. 그리고 온전한 신앙구조로 전환되어야 합니다.

하나님의 부르심 앞에 하나님백성 모두가 응답하고 만나는 예배, 하나님의 세우심에 모두가 참여하는 교육과 코이노니아, 하나님의 보내심에 모두가 헌신하는 섬김과 증언을 통해 온전한 신앙구조를 회복하는 그때, 교회는 하나님 백성공동체가 될 것입니다.

오늘 세계 어디에서도 찾아볼 수 없는 순수하고도 열정적인 에너지를 부여받은 한국 그리스도인들! 어느 날 하나님은 이 영적 잠재력을 드셔서 지구촌을 비추는 등불로 쓰실 것입니다. 이 거룩한 소명 앞에 우리의 중심과 초점을 집중해야 할 때입니다.

오늘 출범하는 실천신학대학원대학교는 단 한 가지 목표를 향해 달려갈 것입니다. 한국교회를 하나님 백성공동체로 세워 이 땅에서 하나님나라를 증언하는 공동체로 전환하는 일을 돕는 것입니다.

오늘 이 학원의 책임을 지고 출발하는 저는 하나님의 '청지기'로서, 하나님과 여러분을 섬기는 '서번트 리더'가 될 것입니다.

다만 노년기에 접어든 제가 임기를 잘 마칠 수 있도록 기도와 사랑으로 함께 해주시면 감사하겠습니다.

하나님께는 영광을, 여러분들에게는 하나님의 은혜가 늘 함께 하시기 간구합니다. 감사합니다(부분 개정).

이제 나는 학교의 행정을 맡아 모든 것을 책임지는 위치에 놓였다. 그러나 당시 만 72세인 나에게 총장직은 무거운 책임일 수밖에 없었다.

공동식사가 끝난 후 옥한흠 목사님(사랑의 교회 담임)의 특강과 김경동 교수님(서울대 사회학과 명예교수)의 특강은 신입원생 목사님들에게 새로운 영감과 도전을 던진 명강의들이었다.

그런데 이때 이상한 일이 벌어지고 있었다. '안티 기독교인'(anti Christian)으로 유명했던 김경동 교수께서 행한 강연은 자기의 신앙고백이 되었고, 그 후 그분은 수표교교회 신도가 되고, 우리 대학원 사회학 강사가 되셨다.

| 옥한흠 목사 특강

삶, 여정, 이끄심

34장

실천신학 '구조화 커리큘럼' 및 '팀 티칭'

개교식은 새 역사, 새 교회, 새 신학교육을 여는 첫 테이프였다. 곧 이어 나는 교수들과 함께 그동안 준비해 온 '구조화된 커리큘럼'과 '팀 티칭'을 이번에는 '실험'(實驗)이 아니라 '실전'(實戰)으로 옮겨야 하는 자리에 서게 되었다.

이 두 가지는 '자기 전공과목', '홀로 강의' 식의 전통적 교육시스템에 대한 일대 도전이며 새로운 시스템 하나를 창조해 내는 큰 모험이었다.

첫 수업은 2005년 3월 17일 월요일 오전 10시 제1세미나실에서 시작되고, 주제는 '종교사회학'이었다. 1기 원생 22명은 'ㄷ'자 모양으로 놓인 테이블에 둘러앉고, 팀 교수 4명(박영신, 정재영, 조성돈, 김한옥)은 앞자리에 앉았다.

교수들의 발제, 교수 간 토론, 원생들의 참여로 진행된 팀 티칭은 문제제기, 내용전개, 방향설정에 큰 그림을 그릴 수 있었다. 성공적이

| 제1기 수업

었다.

2교시는 '신학적 교회론'을 주제로 나와 김용성 교수, 이형기 박사가 팀 티칭을 진행하였다. 3교시는 '목회 신학'을 주제로 나와 조성돈 교수, 유경재 목사가 진행하였다.

이렇게 시작한 구조화된 커리큘럼과 팀 티칭은 예상을 넘어 긍정적인 반응과 참여로 응답되었다. 이 세계에 단 하나밖에 없는 실천신학대학원은 M. Div. 학위를 끝내고, 현장 목회에 임한 목회자들에게 그동안 흩어진 모든 신학과 목회의 조각들을 '하나님나라 백성 공동체'(Community of People of God - Laos tou Theou)에 집약하도록 안내하는 전초진이 되고 있었다.

그리고 학교강당으로 예배처소를 옮긴 연합교회는 지역 몇 가정이 참여하면서 활력을 찾고, 구내 안의 공동주택 입주 세 가정이 여기에 합류하였다.

나와 아내는 일산 집을 전세로 주고, 구내 안의 새 집으로 이사하면서 큰 딸 원예가 합류하였다.

산속의 인후리 집은 맑은 공기, 새 소리, 넓은 시야가 장점이었으나, 고독과 단절이 문제였다. 특히 '새집 증후군'은 아내와 나를 계속 피곤으로 몰아넣고, 아내는 이로 인한 병이 스며들기 시작했다.

288

그러나 새로 출범한 대학원은 기초와 구조를 튼튼히 세워야 했으며, 그것은 온전히 나의 책임이었다. 아내는 본래 말수가 적고, 언제나 뒤에서, 옆에서 나를 도와주고 돌보는 좋은 내조자였다.

그리고 나는 TBC 모든 자료를 대학원 구내 안의 한 컨테이너로 옮겨놓고 전국교회에 성서 연구를 안내하였다.

개교 첫 학기, 학교가 널리 알려지지 않은 상황에서 나는 한 가지 모험을 하였다. 그 이름은 '국제 실천신학 심포지엄'(International Symposium for Practical Thology)이었다. 여러 해에 걸쳐 초청된 해외 석학은 Dr. Geoffrey Wainwright (Duke, 예배학, WCC 예배위원장), Dr. Karen W. Tucker(Duke, 예배학), Dr. Don Saliers (Emory - 예배학), Dr. Mark Chaves (Duke - 종교사회학), Dr. James Nieman, (Hartford - 실천신학), Dr. Carl Braaten (Lutheran - 선교학), Dr. Elizabeth

| Dr. Wainwright, Dr. Tucker, 우리 부부

| 제1기 국제심포지엄

Moore(Dean, Boston School of Theology), Dr. Howard Snyder (Ashbury - 선교), Dr. Jürgen Moltmann (Tübingen) 등이었다.

1년에 한번 개최한 국제 실천신학 심포지엄은 세계교회가 직면한 '예배', '교육', '선교', '지역 섬김', '종말론'을 주제로 이 시대의 문제와 씨름하는 학문과 토론의 장이 되었으며, 한국교회의 미래를 밝히는 등대가 되었다.

그리고 우리는 보강된 교수팀과 제2기 신입원생 20명을 축복으로 얻었다. 여기에는 홍성국 목사(평촌감리교회 담임, 제 2 기 콜로키엄 수료, 후일 박사, 경기연회 감독)와 루터교 강일구 목사 등 뛰어난 목사들이 함께하였다.

삶, 여정, 이끄심

| 제1기 졸업

| GSPT 개교 입학식

35장

개교 1주년 기념 Festivity

2006년 5월 16일, 교육문화회관

2005년 3월에 돛을 달고 출범한 GSPT(Grduate School of Practical Theology, 실천신학대학원대학교) 호는 많은 시련을 헤치고 목표했던 '구조화 커리큘럼'과 '팀티칭'을 90% 이상 성공시켰다.

원생목사님들의 패러다임 전환, 공동교수들의 새로운 교수 경험은 수업을 역동적으로 창조하였으며, 특히 '대화'(dialogue)를 통한 교실교육은 전통적 강의를 넘어 하나의 예술이 되고 있었다.

우리는 1년을 잘 소화해 냈다. 그리고 2006년 5월 16일, 우리는 1년을 회고하고 미래를 설계하는 축제(Festivity)를 열었다.

강남에 위치한 교육문화화관 강당에는 200여 명의 목회자, 평신도 지도자, 1, 2기 원생 목사들 그리고 연합교회 교우들과 내가 봉직했던 정동제일교회 장로님 몇 분이 자리를 함께 했다.

기도회, 경과보고, 미래 청사진을 중심으로 순서가 진행되었다. 나는 실험교육 1년을 회고하고, 이 실험교육이 한국교회에 미칠 의미를 제

┃ 실천신학대학원대학교 개교 1주년 기념 축제

┃ 실천신학대학원대학교 개교 1주년 기념 축제

시하였다. 한국교회의 성장은 이미 끝나고, 미래는 불투명한데도, 오늘 한국교회는 여전히 축복신앙에 근거한 성장주의로 선회하고 있다고 진단했다.

┃ 하나님의 나라를 이 땅에서 증
언하는 순례자들의 합창

┃ 이종학 연대장, 권승훈 정보참모

한국교회의 미래는 신자 한 사람 한 사람을 교인이 아닌, '하나님의 백성'(Laos tou Theou)으로 세우고, 그들과 함께 공동체를 창조하고 그리고 공동사역으로 전환하는 데서 소망이 있다고 호소하였다.

그리고 나는 나의 '신앙고백서', 『하나님의 나라를 이 땅에서 증언하는 순례자들의 합창』을 배부하고, 자세한 보고는 생략하였다.

식사가 끝나고 담화하는 시간, 나는 내 평생에 잊지 못할 선배 두 분을 소개했다. 한 분은 6·25 전쟁 시 옹진도서 다섯 섬을 지켜낸 학도유격대 연대장 이종학 선생님이셨다. 당시 18살이던 나를 유격대 통신대장으로 임명하셨던 연대장이셨다. 다른 한 선배는 학도유격대 정보참모였던 권승훈 장로(성결교회)였다.

36장

퇴임, 시련, CYCM

  2005년에서 2013년까지 나는 학교설립자로서 그리고 1, 2대 총장으로서 최선을 다해 행정, 교수에 임했다. 그리고 전국을 휘덮으며 모금운동에 모든 에너지를 쏟았다. 그리고 2014년 새 학기 제3대 총장에 위임하였다.

  그러나 그때 아내와 나는 긴긴 대화 끝에 은퇴를 결심하고 사의를 표했다. 그때 내 나이 만 80이었다. 그리고 다시 이사장직을 맡아 학교를 섬기기로 하였다.

  그러던 어느 날 동생, 은길관 장로(이사로서 학교운영에 이미 총 15억 원을 헌금함)가 고급 승용차 하나를 선물로 보내왔다. 집에서 차를 몰고 학교로 가는 길에 학교설립에 공이 컸던 L박사가 내 승용차를 보고 놀라는 눈치였다(후문에는 L박사가 나를 교육부에 고발했다고 한다).

  그리고 얼마 후 교육부로부터 감사가 시작되었다. 예비지도라는 절차도 없이 찾아온 감사였다. 나는 당황할 수밖에 없었다. 교육행정에 익숙지 않았던 직원들은 밤을 지새우며 준비에 들어갔으나, 이때 옆에서 도와주는 교수는 하나도 없었다.

2014년 봄 학기 어느 날 교육부 감사관, 한정진이라는 관리가 세 명의 직원을 대동하고 학교감사를 시작했다. 거의 한 달을 불려가고, 죄인 다루듯 하는 관료들의 횡포를 마주하는 순간, 나는 대한민국 관료들의 저질을 보았다.

세 번을 불려가 총장시절에 행한 모든 행정, 특히 재정분야의 심문을 받았다. 본래 돈 셈법을 잘 못하고, 관심도 없었으며, 모금에만 집중하고, 모든 것을 직원을 믿고 맡겼던 나는 앉아서 당할 수밖에 없었다.

교육부 감사가 끝나고 얼마 후 나는 여주 검찰청으로부터 출두명령을 받았다. 교육부가 나를 고발했다는 내용이었다. 한평생 경찰에서조차 단 한 번도 조사를 받지 않고 살아온 나였지만, 기분은 그리 좋지 않았다. 오히려 이때 충격을 받은 사람은 아내였다.

60년을 함께 살아오는 동안, 우표 값 하나도 공금을 사용하지 않는 남편으로 알고 있던 아내에게 갑자기 검찰청으로 가서 조사를 받는다는 것 자체가 충격이었다. 아내는 그 충격으로 '요실금'에 걸려 소변을 편히 볼 수 없게 되었다. 그러나 그것은 요실금이 아니라 암의 시작이었다.

10년 가까이 나를 돕던 회계담당 주임 L양은 결혼으로 이미 학교를 떠난 상태에서 업무를 이어받은 L양은 최선을 다해 회계정리를 했다. 세 번, 네 번에 걸쳐 여주지청에 불려간 나는 조사관이 내놓는 학교회계장부에 관한 질문에 대해 답하고, 나를 동행해 준 이상문 목사가 보충 설명을 하곤 했다.

이때 나를 도와준 사람은 김찬주 장로(연합교회, 전 고위 경찰 간부)와 동생 은길관 장로뿐이었다. 회계를 담당했던 L주임은 이 핑계 저 핑계로 소환에 응하지 않았다.

후일에 안 일이지만, L양은 학교 회계 장부를 엉터리로 만들고, TBC 기금에서는 1,000만 원을 횡령했다. 믿었던 도끼에 발등이 찍힌 것이다. 그리고 아내는 점점 병세가 악화되고 있

| 인간창조의 마지막 불꽃-2판

었다. 모든 것을 다 바쳐 대학원 하나를 살리려 애쓴 남편이 죄인으로 취급당하는 모습을 보면서 받은 충격 때문이었다.

그리고 한두 달이 흘렀다. 나도 아내도 많이 지치고, 후회 아닌 후회로 퇴락하고 있었다. 이때 끝까지 옆을 지켜준 사람은 아무도 없었다. 이상문 목사와 이경애 주임뿐이었다. 이 둘은 나의 결백을 잘 알고 있었다.

긴긴 조사 끝에 아무것도 찾지 못한 여주지청은 나를 약식 기소하는 쪽으로 방향을 잡는 것 같았다. 그러나 나는 약식기소를 받을 이유가 없었다. 내 돈 6억 이상을 헌금한 학교에 내가 '약식기소'라는 불명예를 받을 이유가 없었다.

그 후 '혐의 없음'을 통보 받았다. 일이 이렇게 끝난 후 나는 갑자기 모든 것이 싫어졌다. 학교도 싫어지고, 인후리 동리도 싫어졌다.

그러나 그 고통 가운데서도 계속 나를 억누르는 한 가지가 있었다.

| 출판기념회

한국 교회학교가 죽어가고 있었다. 어려서 주일학교를 통해 하나님을 만나고, 신앙을 키웠으며, 주일학교를 위해 미국유학, 박사학위까지 받고, 교수가 된 내가 지금 죽어가는 주일학교를 그대로 방치할 수는 없었다.

그래서 틈틈이 메모를 적기 시작했다. 1주일 후 메모는 하나의 구조가 되고, 책의 뼈대가 되었다. 나는 한 달을 서재에 앉아 처음으로 교사를 위한 책, 『인간창조의 마지막 불꽃』 원고를 완성하고 인쇄에 넣었다. 인쇄비용은 강경옥 권사, 딸 둘, 선현 집사, 선희 집사(은길관 장로 가족)가 전액 부담하였다.

그리고 나는 제자들, 홍성국 목사(평촌교회 담임, 경기연회 감독), 박행신 목사(이천 현대교회 담임), 박국배 목사(선사교회 - 통합) 임영택 박사(감신 제 자, 협성대학교 신학대학장, 후일 부총장)와 함께 출판기념회를 준비하고 초

삶, 여정, 이끄심

| 세미나 - 소망 수양관

청장을 띄웠다.

　장소는 정동제일교회, 때는 2015년 11월 20일이었다. 목회자, 대학원 제자들, 교회학교 연합회 임원 100여 명이 참석하였다. 순서는 김선도 감독의 축사, 임영택 박사의 서평, 나의 답사로 진행되었다.

　그리고 '어린이청소년교회운동'을 위한 사단법인을 구성하기로 결의하였다.

　그 후 이금철 장로(전 한전 지사장)의 수고로 이 운동은 '사단법인 어린이청소년교회운동 본부'라는 이름으로 허가를 받고, 대학원 내 방 하나에서 운동을 전개하였다.

　그 후 어린이청소년교회운동은 곤지암 뒤에 위치한 소망수양관에서 여러 차례에 걸쳐 깊이 있는 세미나를 진행하였다.

　이때 평촌교회, 현대교회, 선한목자교회, 백사중앙교회가 선도적

역할을 담당하였다. 그리고 문석영 목사(평촌교회 교육목사)가 이때부터
적극적으로 참여하였다.

12
막

계속되는 시련 그리고…

37장

일산, 아내의 투병, 소천

2014년 11월 20일 교회학교 살리기 캠페인, CYCM이 출범한 이후, 계속되는 아내의 건강 악화로 나는 아내를 위해 이천, 용인, 분당 여러 병원을 찾아다녔다. 가는 데마다 '암'은 아닌 것 같다는 진단만 믿고 약물치료만을 되풀이했다. 그러나 호전의 징후는 보이지 않고, 계속 소변이 불편하고 다리는 부어올랐다.

나는 아내를 설득하여 신촌 세브란스에서 종합검진을 받게 하였다. 그리고 며칠 후 통보가 왔다. "좋지가 않습니다." 나는 아찔했다 "네? 그게 무슨 뜻입니까?" "암이 많이 진행되었습니다."

옆에서 지켜보던 아내는 당황한 내 얼굴에서 눈치를 챘다. "뭐라고 해요?" "좋지가 않다고 하네요." 그리고 나는 아내를 포옹했다. 그때 나는 다시 한번 아내의 깊은 신앙에 감동을 받았다. "때가 되면 우리 모두 하나님의 품으로 가는 것 아닌가요? 그동안 좋은 남편 만나서 후회 없는 삶을 살았으니 행복했죠. 다만 당신을 남겨두고 먼저 가게

돼서 미안해요."

이것이 아내의 반응이었다. 모든 것을 받아들이는 아내의 모습은 거룩하기까지 했다. 그때 나는 솔직히 아내의 신앙 앞에서 부끄러워졌다. 나는 서둘러 일산 집 전세를 돌려주고 집을 비우게 하였다.

2015년 가을 감사절 주일, 우리는 학교강당에서 연합교회 마지막 예배를 드렸다. 2015년 11월 말 우리는 이상문 목사, 이경애 주임, 이금철 장로, 막내아들의 수고로 10년 만에 일산으로 귀가하였다.

산속의 집, 고독했던 인후리 집을 떠난 것만으로도 행복해 보이는 아내였다. 이때 나는 속으로 너무 미안했다. 나는 학교를 운영하고, 강의를 하고, 각종 회의를 주관하는 일정으로 분주한 삶을 살았지만, 아내는 온종일 홀로 산과 마주해야 하는 삶은 고독할 수밖에 없었다.

그리고 세브란스에서 암 치료를 시작했다. 암 경험이 전무했던 아내와 나는 의사가 지시하는 대로 따랐다. 그리고 1개월 후 막내아들은 미국으로 돌아가고, 내가 아내를 돌보기 시작했다.

이때는 어린이청소년교회운동 본부를 남한산성의 한 건물 2층으로 옮기고 지도자 훈련을 본격적으로 시작한 후였다. 날마다 병원을 다녀오고, 사무실을 출근하며 아내를 돌보는 일은 쉬운 일이 아니었다.

병원에 입원한 아내는 모든 과정을 믿음으로 수용하는 의젓함을 잊지 않았으나, 암 치료는 서서히 좋은 세포까지 파괴하면서 식욕을 조금씩 잃게 만들었다. 그리고 머리카락이 빠지기 시작했다. 그러면서도 아내는 늘 찬송가 79장 〈주 하나님, 지으신 모든 세계〉를 불렀다. 얼굴에는 늘 평화와 기쁨이 서리고….

아내는 "내가 이미 얻었다 함도 아니요 온전히 이루었다 함도 아니

▮ 인후리 떠나기 전, 아내와 함께

▮ 인후리 떠나기 전 이모저모

라 오직 내가 그리스도 예수께 잡힌바 된 그것을 잡으려고 달려가노라"(빌 3:12)를 고백한 바울의 신앙 여정을 그대로 살다가 간 하나님의 딸이었다.

1957년 결혼, 1960년에서 1963년 봄까지의 이별(나의 유학기간), 1964년에서 1968년까지 시카고한인감리교회 사모, 1968년에서 1975년까지 감신대 교수 부인, 1975년부터 1979년까지 정동제일교회 사모, 1979년부터 1999년까지 연세대 교수 부인, 1999년부터 2016년 실천신학대학원대학교 총장 사모까지 한결같은 겸손, 섬김의 아내였다.

그러나 홀로 아내 돌보기 수개월, 한 주간 병원비는 수백만 원, 나는 서서히 지치기 시작했다.

2016년 10월 어느 날 아내는 일산 집 화장실에서 쓰러졌다. 그리고 다시 세브란스에 입원했다. 병세는 극도로 악화되고, 의사들은 얼마 남지 않았다고 귀띔을 주었다. 하는 수 없이 미국에 있는 자식들에게 알렸다. 미국에서 맏아들 원형 목사, 둘째 딸 원주 집사, 막내 원길 집사가 오고, 이천에서 첫째 딸 원예 집사가 모였다.

그리고 2016년 11월 19일 오전 9시 15분, 아내는 평안히 하나님의 품안으로 들어갔다. 장례예배는 정동제일교회에서 거행되었다. 정동제일교회 교인들, 연합교회 교인들, 연세대학교회 밤새우기교인들, 대학원 제자들, 몇몇 친구 목사들이 하나님 앞으로 간 아내를 추모하였다.

60년을 동행한 아내와의 이별은 한순간에 나를 사막 한가운데로 내몰았다. 삶의 반 쪽, 아니 삶의 전부를 잃은 나는 휘청거리기 시작

삶, 여정, 이끄심

했다. 사무실에서도 멍하니 하늘만 쳐다보기 일쑤, 길거리에 쓰러진 때도 있었다.

큰 집에 홀로 있는 나는 굶기, 넘어지기, 밤새우기를 반복하였다. 이때 김찬주 장로님 내외, 김원쟁 목사(연세대 원주캠퍼스 교목실장, 연합교회 공동목사) 내외, 평촌교회 홍성국 목사가 위로를 보내주었다.

이렇게 홀로 지내던 어느 날, 나는 영양실조로 힘을 잃고 화장실에서 낙상하면서 쓰러졌다. 긴급 앰뷸런스를 불러 일산병원에 입원한 나는 이충국 박사(연대 치과대 교수, 병원장, 연세 TBC 성서 연구 운영위원)에게 전화로 입원을 알렸다. 그리고 김찬주 장로께서 접착증 수술 전문가를 소개해 수술 준비에 들어갔다. 접착증은 한평생 의자에 앉아 글을 읽고 쓴 죄의 선물이었다.

그때 이천에 칩거하던 큰 딸이 왔다. 구세주였다. 일처리에 능한 원예는 병원 측과 의논하여 수술 일정을 잡았다. 그리고 수술 전 정신과까지 모든 분야의 검사를 받았다. 그때의 나이는 87세, 몸이 깨끗하다는 판정을 받았다.

마취 후에 나는 깊은 잠에 들었다. 두 시간 예정이었던 수술은 네 시간이 지나서야 끝났다. 너무 오래된 접착증 때문이었다. 그 후 1주일을 병원에서 지냈다. 이때 원예의 돌봄은 나의 몸뿐 아니라 상한 내 영혼까지 치유하는 '약손'이 되고 있었다.

그리고 2017년 11월 19일, 아내의 추모 1주기가 되었다. 일산 집에는 김옥라 장로님, 이계준 목사, 김현철 장로(정동제일교회, 대학원 설립 공로자), 김찬주 장로, 박동규 장로, 이용옥 장로, 구미례 목사 외에도 20여 친지들이 함께 모여서 고(故) 김애선 사모를 기리는 1주기 추모

예배를 드렸다. 이때 아들 은원형 목사와 사위 장홍준 집사가 호스트
가 되었다.

13
막

말씀과의 만남

38장

구원사 성서 연구

- TBC III

I. TBC 제III판 - 『구원사 성서 연구 TBC』 편저

반쪽(better half)이 아니라, 모든 것을 잃은 나는 공허와 허탈로 하루하루를 무의미(無意味, meaninglessness) 속에 살아야 했다. 딸의 돌봄 외에 그 무엇도 나를 위로하지 못했다.

그것은 일찍이 독일 신학자, '헬무트 틸리케'(Helmut Thielicke)가 진단한 삶의 '허무'(nihil)가 내 영혼과 몸을 파괴하고 있었다.

그러던 2017년 어느 날 나는 우연히 서재에 꽂혀있는 TBC 성서 연구 제II판을 훑어보기 시작했다. 2003년 내가 심혈을 기울여 제I판을 보완했던 제II판이었다. 내가 만든 방대한 자료지만 나 자신이 놀라기 시작했다.

그런데 문제는 왜 이렇게 좋은 자료가 안 팔리는 건가? 그 이유는 자료가 너무 방대하고 난해했기 때문이었다. 너무 방대해서 중심을 찾기가 어려웠다.

그 자리에서 나는 심심풀이로 구약 제2과 '창조론'을 다시 써보았다. 시간을 때우기 위해 수정에 수정을 가하여 한 과를 완성했다. 특히 구원사적 의미(Pre Text)에 초점을 맞춰서 한 과를 완성했다. 그런데 그때 오랜만에 희열 같은 것이 내 영혼 한 구석을 노크하기 시작했다. 말씀과의 만남이었다.

1975년에서 1978년 정동제일교회에서, 1995년에서 1998년 연세대 간호대학 강당에서, 2001년에서 2004년까지 연세대 의료원(의과대학, 치과대학, 간호대학) 교수들과 함께한 TBC 성서 연구에서 함께 나누고 감격했던 하나님의 구원의 감격이 다시 살아나기 시작했다. 그리고 마음에 평화가 오기 시작했다.

아직은 수술 후유증으로 거동이 자유롭지 못하고, 약물로 살아가는데도 불구하고, 나는 다시 하나님의 구원사(Salvation History of God)에

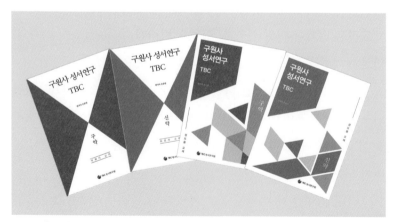

| TBC 제 III 판

삶, 여정, 이끄심

심취되어, 하루에 한 과씩을 완성하는 기염을 쏟아내기 시작했다.

이렇게 시작한 TBC 새 작업은 1년 반 만에 『구원사 성서 연구 – TBC』라는 이름으로 제 III판이 다시 태어났다.

그리고 TBC 성서 연구원 원장인 홍성국 감독과 행정기획실장 문석영 목사는 전국을 순회하며 TBC 세미나를 인도하였다. 이어 홍 감독은 기감 경기연회 안에 뜻을 같이하는 목회자 수십 명과 TBC 연구 모임을 시작했다.

그리고 나는 온라인으로 미국 한인교회 목사들과 두세 차례의 TBC 세미나를 인도했다. 이때 장남 은원형 목사(200년 된 미국인 교회, Central United Methodist Church , Staunton, Virginia 담임)가 참여하면서 자연스레 미국지부 – ATBC가 결성되었다.

2022년 현재, TBC III판 회원교회는 약 500여 교회이며, 평촌 감리교회(홍성국 목사), 이천 현대교회(박행신 목사), 청주 어울림교회(김준호 목사) 인천 연희교회(조경열 목사), 과천 은파교회(김정두 목사), 오산 열린교회(박승호 목사)는 TBC운동의 대표 주자들이다.

그리고 102세까지 장수하셨던 김옥라 장로님(박사님)께서 어느 날 CBS의 '새롭게 하소서'에 출연하셔서 TBC를 소개하자, 100만 명이 접속하면서 전국에서 모인 35분이 '평신도 지도자 – TBC 모임'을 결성하고, 문석영 목사가 매 주일 저녁 8시에서 9시 30분까지 온라인으로 TBC를 인도하고 있다.

이 모든 과정을 지켜보면서 나는 나도 모르는 사이 건강이 조금씩 회복하기 시작했다. 이 과정에는 소리 없이 지켜주시는 하나님의 돌보심이 늘 함께 하셨다.

II. 실천적 교회론, 기독교교육 현장론

점진적인 건강 회복과 TBC III판의 출판은 나를 좌절로부터 서서히 풀어주는 계기가 되었다. 그리고 다시 정상적인 삶의 궤도에 진입하였다. 이것은 너무도 큰 하나님의 축복이었다.

나는 생명을 걸고 세운 실천신학대학원대학교이지만, 모든 것은 후임들에게 맡기고, 남은 생애를 한국교회 미래에 바치기로 하였다. 그리고 이미 21세기 초반을 넘어선 오늘의 한국교회를 다시 생각하기 시작했다.

기독교 신문, 기독교 TV를 통해 본 한국교회 모습은 한때 '발베르트 뷜만'(Walbert Buhlmann)이 예찬한 '제3교회', 지구촌을 비출 태양(Walbert Buhlmann)은 아니었다. 오늘 한국교회는 여전히 제2교회(교권화된 교회), 제1교회(세계 도피)로 되돌아가고 있었다.

끊이지 않는 교회 정치, 값싼 은혜주의 신앙, 각종 유행성 프로그램으로 오늘 한국교회는 500년 전 루터가 외치고 고백한 '오직 성경'(sola Scriptura), '오직 은혜'(sola Gratia), '오직 믿음'(sola fides)의 기본 신앙구조마저 소멸되고 있었다.

그리고 여기저기서 '다음 세대'(next generation)를 논하면서도, 진작 어린이 청소년 하나하나를 삶과 신앙의 주체로 세우는 기독교교육은 어디에도 보이지가 않았다. 여전히 교사는 교재를 들고, 이런저런 프로그램으로 어린이 청소년을 '구경꾼', '객체화'시키고 있었다.

이때 나는 다시 궤도에 오른 TBC 성서 연구의 후속이 무엇일까를 고민하기 시작했다. 이 고민은 이미 몇 판을 거듭해 온 '신학적 교회

삶, 여정, 이끄심

론'(神學的 敎會論)과 '실천적 교회론'(實踐的 敎會論)을 전면 개정하는 작업
으로 인도하였다. 교회와 기독교교육의 사상적 체계를 다시 세워야
했다.

컴맹인 나는 거의 1년이라는 시간을 거쳐 개편 작업을 끝낼 수 있
었다. 『신학적 교회론』은 2020년 11월에, 『실천적 교회론』은 2022년
4월에서야 개정증보판으로 출판되었다.

이 두 책은 실천신학대학원을 설립하는 이념적 기초이고 교재였다.
그러나 책들을 개정하는 과정에서 하나님은 새로운 꿈 하나를 열어
주셨다. 그것은 오랫동안 꿈꾸어 오던 "담임목사 포럼"이었다.

그리고 나는 몇 년 전 개정된 『교육신학』(敎育神學)의 후속인 『기독
교교육 현장론』(基督敎敎育 現場論) 개정작업에 들어갔다. 개정 작업을
하는 동안 『교회학교론』(敎會學校論, Church School)에 이르자 나는 다시
진통하기 시작했다.

지난 20~30년 심혈을 기울여 진행해온 "어린이청소년교회운
동"(CYCM)이 큰 변화를 가져오지 못하는 원인을 두고 고민하였다. 이
때 또다시 나의 이론도 허공을 치고 있다는 느낌이었다.

2021년 여름 나는 남은 생애를 '집약'(集約)시켜야 했다. 그리고 남
은 과제를 구조화해야 했다.

1. 처음은 TBC를 통한 '성경정독' 성서 연구 운동이었다.
2. 두 번째는 교회학교를 신앙공동체로 전환하는 '어린이청소년교
   회운동'(CYCM)이었다.
3. 그리고 세 번째는 '담임목사 포럼'이었다.

이 셋이 조합을 이루면 크든 작든 한 교회 한 교회는 온전한 '하나님 백성 공동체'로 거듭나는 변화가 일어날 것 같았다. 그리고 하나님께 기도드렸다.

Ⅲ. 교회학교를 '어린이청소년교회'(CYCM)로 전환

2021년 9월초 어느 날 청주 어울림교회 김준호 담임목사가 전화를 걸어왔다. 기감 청주 북지방 교육부 총무로 선출되었다고 했다.

그때 나는 청주를 중심으로 CYCM을 다시 시도하고 싶은 충동이 생겼다. 김 목사는 실천신대 1회 졸업생이고, TBC로 개척한 교회를 잘 성장시키고 있는 유망주였다.

김 목사에게 충북 지방에서 CYCM을 시험해 보자고 제안했다. 그리고 문석영 목사와 '계획'을 짜보라고 부탁했다.

코로나가 극성이던 그때 각 교회와 가정을 현장으로 하고, 강의 중심이 아닌 현장 실험과 참여교육을 중심으로 하는 세미나를 진행해 보자는 '안'(案)이 나왔다.

그리고 나는 감리사를 설득했다. 적극적으로 호응한 감리사의 도움은 청주북지방 8교회가 참여하는 CYCM 실험공동체를 태동시켰다. 여기에는 담임목사, 교육목사 그리고 교사들이 참여하였다.

2021년 9월 26일 주일 오후 3시에서 5시까지 8주 동안 진행한 CYCM은 다섯 번의 강의(1. 기본철학, 2. 주일 교회학교의 역사와 CYCM, 3. 예배, 4. 교실교육, 5. 선교)와 그날의 강의를 그 주간에 교회현장에서 실험하는 이론·실천 방법을 사용하였다.

실험에는 반드시 어린이를 주체로 세워 교사와 함께 예배, 교실교육, 선교를 설계하고 실험하도록 하였다.

담임목사와 교육목사는 처음부터 끝까지 모든 과정을 설계하고, 진행을 기록하고, 하나하나를 체계화하는 '컨트롤 타워'(control tower) 역할을 담당하게 하였다.

교재를 들고 가르치기에 익숙해 있던 교사들, 교역자들 모두는 새로운 접근방식에 다소 당황하기도 했지만, 참여교회 절반은 과감한 실험을 모험하였다.

그리고 주체로 참여한 많은 어린이들이 변화되기 시작했다. 삶의 주체가 되었다는 어린이들의 자긍심은 소외로부터 주체라는 '회심'(metanoia)으로 이어지기 시작했다.

집에서는 부모와 함께, 교회에서는 선생님과 친구들과 함께 성경을 '정독(精讀)하고, 그 뜻을 글로, 그림으로, 고백으로, 연극으로 표현하기 시작했다.

각종 프로그램으로 끌려다니던 어린이들! 이제는 선생님과 친구들과 함께 프로그램을 창조하는 주역들이 되고 있었다.

2021년 11월 14일 우리는 8회의 모임을 끝으로 실험교육을 마감하였다. 그러나 결과는 반타작이었다. 네 교회는 큰 변화를 경험하지 못했다. 교역자의 무관심과 자질이 문제였다.

그리고 CYCM 본부는 2021년 1월 9일부터 2월 27일까지 제2기 CYCM 세미나를 진행하였다. 1기에 부족했던 부분들을 보완하여 12교회 담임목사, 교육목사, 교사 50여 명이 8주 동안 함께하였다.

이때 큰 변화가 감지되고, CYCM은 비로소 교회학교를 '어린이청소년교회'로 전환하는 '체제'(體制, system) 하나를 태동시켰다. 20년 동안을 찾아 헤매던 창조물을 발견한 것이다. 그러나 그것은 성령께서 인도하시고 이루어 주신 하나님의 선물이었다.

IV. 담임목사 포럼(Senior Pastor Forum, S. P. F.)

2021년 9월부터 시작한 CYCM 운동이 성공으로 질주하는 동안, 나는 '신학적 교회론'의 후속인 '실천적 교회론' 개정을 마무리하고 있었다.

1. 사회변동과 교회
2. 교회론
3. 목회
4. 예배
5. 설교
6. 교육
7. 교회안의 작은 교회(ecclesiolae in ecclesia)
8. 선교

주제들을 정리하는 동안 이 모두를 한 그릇에 담을 수 있는 '체제'가 무엇일까를 고민하고 있었다. CYCM처럼 실험을 시작해 보자. 나는

'담임목사 포럼 운영위원회'를 조직하고 2021년 10월 21일 목요일 오후 3시 제1회 담임목사 포럼을 시작했다.

20여 명의 담임목사가 참여하였다. 발제강의, 토의, 마무리 강론으로 진행된 제1회 세미나는 가능성을 타진하는 실험성 세미나였다.

이때 엄태호 목사(예성, 실천신대 석사, 박사), 한진주 목사(기감, 청주 주중 좋은교회), 주기석 목사(기감, 청계교회) 외 몇몇 뜻있는 목회자의 변화는 포럼의 가능성을 열어준 모멘텀(momentum)이 되었다.

그리고 우리는 보다 정리된 '진행안'을 만들고 제2회 담임목사 포럼을 개최하였다. 2022년 2월 3일에 시작한 포럼은 4월 7일까지 10회에 걸쳐 진행되었다.

여기에는 박승호 목사(오산 열린교회), 임성수 목사 내외(기감, 한울림교회-순천, 실천신대 1회 졸업), 김윤 목사(기감, 시온교회) 그리고 금년 (2022년) 9월 감리교교총회에서 경기연회 감독으로 선출이 유력한 박장규 목사(동탄)외 비전교회 7명의 젊은 담임목사가 참여하였다.

이때 담임목사들이 변하는 놀라운 변화가 감지되었다. 특별히 담임목사 체제교회로부터 '하나님백성 공동체'로, 신자를 교인으로부터 신앙의 주체로 세우는 목회로, 설교중심의 목회에서 예배, 교육, 코이노니아, 선교체제의 공동체로 그리고 하나님백성과 함께하는 공동사역으로 변혁하는 메타노이아(metanoia)가 감지되었다.

2022년 4월 17일 부활주일을 계기로, 지난 20년 동안 실험에 실험을 거듭하여 얻은 세 가지 해답은

1. 첫째 구원사 성서 연구 - TBC (성경정독)

2. 둘째 어린이청소년교회운동 – CYCM (교회학교를 신앙공동체로)

3. 셋째 담임목사 포럼(SPF)이었다.

이 셋을 한 '패키지'(package)로 묶어 한 교회, 한 교회를 온전한 하나님백성 공동체로 세우는 '새 날'이 다가오고 있다.

아직 지구촌에 마지막 소망으로 남겨두신 한국교회, 이 교회는 '교권화', '도피주의', '상업주의' 그리고 '도덕주의' 신앙으로부터 하나님나라 백성공동체로 회복되어, 이 지구촌을 비추는 하나님나라 빛이 되어야 한다.

2022년 8월 6일(토요일)은 음력으로 7월 9일, 그날 나는 한국 나이로 90이 된다. 그 사이 CYCM은 대한성서공회와 협력관계를 맺어 '성경정독'(聖經精讀) 운동을 펼치는 '성경한국'을 꿈꾸며 기도한다.

그리고 감리교교육국과 협력하여 내가 추구하는 성경정독, 어린이청소년교회, 담임목사 포럼을 패키지로 감리교회부터 변화를 시도하고자 한다.

한국교회가 성경을 통한 하나님과의 만남을 회복할 수만 있다면, 거기서 교회, 교회학교, 한국역사는 새로운 축복으로 이어질 것이다.

90년! 삶은 여정, 거기에는 눈물이 있고 늘 비애와 절망이 깃들어 있다. 그러나 거기에는 따뜻한 경륜으로 함께 늘 동행하시는 하나님이 계신다.

그래서 삶은 언제나 힘겨운 여정이지만, 거기에는 동행하심, 경륜하심, 이끄심이 늘 함께하신다. 죽음으로부터, 좌절과 포기로부터, 쓰

삶, 여정, 이끄심

러지고 넘어질 때 붙들어 세우시는 손길이었다.

　나는 그분을 예수 그리스도의 십자가와 부활을 통해, 성령의 임재를 통해 지금도 함께하시는 하나님 아버지라 부른다. 삶은 온전히 그분의 경륜하심이며, 값없이 주시는 그분의 선물이다. 그래서 감사한다. 남은 생, 그것이 길든 짧든, 그것은 온전히 주어지는 선물이고 은혜이기에 하루하루 그분의 인도하심을 따르려 한다.

나의 삶에 깊은 영향을 준 사람들

I. 가족

아버지-과묵하셨지만 진실을 사신 실업인
어머니-예리하시고 미래를 꿈꾸시던 꿈쟁이(dreamer)
재관(동생)-유학 중 일찍 세상을 떠났지만 의리의 사나이
길관(동생)-예리한 통찰력과 추진력을 가진 실업인
강경옥 권사(길관의 부인)
병관(동생)-아버지를 닮아 과묵하지만, 진실을 사는 사나이
이순 권사(병관의 부인)
김애선(아내)-깊은 신앙과 헌신으로 한 삶을 함께 순례한 최고의 내조자, 동반자
원형(첫째 아들)-순수하고 고귀한 신앙으로 미국인들을 감화시키는 목회자
원예(첫째 딸)-예리하고 냉철한 판단력을 가진 예술인
원주(둘째 딸)-온화하고 포용력 있는 음악인
장홍준(사위)-아들 같은 사위
원길(차남)-진실을 사는 직장인
김봉경 목사님(장인어른)-이 땅에서 하나님과 동행하며 사신 참 목회자
은인관 장로(사촌 형)-진실을 살다 간 신앙인
은응현(사촌 누나)-따뜻한 포용력으로 늘 감싸준 신앙인

II. 스승님들

박용익 목사님(동광중학교 교장)-꿈과 신앙을 심어주신 은사님, 선생님, 목사님
김명균 선생님-영어의 세계로 인도하신 선생님
박장원 목사님-문학의 세계로 인도하신 선생님

삶, 여정, 이끄심

오주경 선생님(옹진중학교 사감)-어머니 같은 따뜻한 선생님

Miss Elsie L. Stockton 교수님-온몸과 사랑으로 기독교교육학의 길로 인도하신 선교사님

홍현설 학장님-청빈하셨던 학자 선생님 그리고 미래를 직시하셨던 예언자

김폴린 교수님-사랑을 실천하신 선생님

김용옥 박사님-예리하고 꿈이 있었던 학자 선생님

윤성범 박사님-인간적인 선생님

김철손 교수님-순수하셨던 신앙인

손정율 목사님(감신 교수, 동대문교회, S.F한인교회)-열정적 목사님

Dean Robert Cushman(Duke)-한번 신뢰한 제자를 끝까지 믿어주신 학장님

Dr. M. Richey-기독교교육학의 세계로 인도한 교수-주임교수님

Dr. C. Lacy-따뜻했던 선교학 교수님

Dr. A. Kale-따뜻한 목회자 교수님

Dr. Charles McCoy(PSR) -역사의식을 가지고 교수에 임했던 도전적 교수

Dr.D. Foster-부드러움과 예리함을 겸했던 조직신학 교수님

Mr. Mrs. Robert Johnson(North Carolina)-온몸으로 사랑해 주신 미국 양부모님

Mr. Mrs. Menker(Berkeley, Ca.)-전 장학금으로 박사학위를 도우신 분들

한태동 박사님(연세대)-따뜻한 돌보심으로 늘 지켜주신 선생님

문상희 박사님-격려를 아끼지 않으신 선생님

III. 동역하신 분들

친구

채인식 목사님-선배 동기 목사님이면서도 늘 친구로, 동료로 함께 동행하신 형님 목사님

이계준 목사-어렵고 힘들 때 서로 돕고 도움받은 신앙의 동지

차풍로 목사-1년 선배이지만, 감신 동료교수로서 기독교교육 발전에 헌신한 선한 목자

Mrs. Ruth Burkholder(변미정 선교사)-감신 기독교교육 연구소,실험교육에 핵심 역할을 담당했던 선교사

선배 목사님

차연회 목사님(종교교회, 시카고 한인교회), 박승도 목사님(미국, Colorado), 계동춘 목사님, 김연기 목사님(늘푸른 아카데미 이사장)

후배 목사

강병훈 목사, 김선도 감독, 김기복 목사, 도건일 목사, 정영관 목사

동기 목사

박신원 목사, 이처권 목사, 전일성 장로, 박성호 목사, 윤종원 목사, 서기택 목사, 방순자 목사, 조창식 목사, 송길섭 목사

정동제일교회

이시영 장로(UN 대사), 가재환 장로(법원행정처장), 최재분 장로(신앙세계), 장학순 장로(사업), 김현철 장로(서울 고검장), 문석형 장로(원자력 박사), 이영용 장로(사업), 김은우 장로(이대 교수), 이성복 장로(의사), 명노철 장로(의사), 채선엽 장로(이대 음대 교수), 김초옥 장로, 최형규 장로(교육부 차관), 오주경 장로(이화여고 사감), 신봉조 장로(이화재단 이사장), 송수천 장로(배재 교장), 유하영 장로, 선창균 장로(독립운동가), 전인항 권사(대우 김우중 회장 모친), 박영옥 권사, 곽만영 전도사, 이진주 전도사, 차지철 실장(청와대), 배구영 목사, 강천 목사

실천신학대학원대학교 설립

정진경 목사님(신촌 성결), 손인웅 목사(덕수), 유경재 목사(안동), 김한옥 목사(용두동), 곽선희 목사(소망), 임태종 목사(울산), 김옥라 장로님(정동), 김현철 장로(정동), 정희경 박사(청강학원), 옥한흠 목사(사랑의교회), 김철호 국제변호사, 김찬주 장로(연합), 임선재 장로(성애성구사), 은길관 장로(연합), 김도연 총장(전 교육부 장관), 정시춘 교수(건축학), 박동규 박사(행정학-연합), 박성율 목사(연합), 박재준 장로(강산건설), 이필은 박사(소망), 김명훈 장로(광림), 박영신 박사(연대), 김경동 박사(서울대)

실천신대 교수

김용성 교수, 조성돈 교수, 정재영 교수, 김선영 교수, 이범성 교수, 박종환 교수

실천신대 직원

이상문 목사, 이경애 주임

연세대 교수

한태동 박사님, 문상희 박사님, 민경배 박사, 박준서 박사, 김중기 박사, 김광식 박사, 김균진 박사, 서중석 박사, 이양호 박사

제자들

1. 감신
김고광 목사(수표교교회), 조영진 감독, 장기옥 사모(미국 Virginia연회), 김영헌 감독(서울연회), 조건상 목사(미국), 이원규 박사(감신), 김진두 목사(영등포중앙), 박상철 목사(인천예일), 임영택 박사(협성 부총장), 최이우 목사(종교), 이기우 목사(감람), 조경열 목사(인천연희), 나형석 박사(협성), 황문찬 목사(대신), 김순영 목사(한강), 박인환 목사(화정), 박병윤 목사(태국 선교사), 이덕주 교수(감신), 이후정 박사(감신 총장), 박종천 박사(감신 총장), 안석모 박사(감신), 유승훈 목사(마포중앙), 송기성 목사(정동), 오명동 목사(평택), 김완중 목사(양광)

2. 연대신과
정종훈 박사(연대 교목), 임화식 목사(순천제일), 이보영 박사(미국 Iliff 학장), 장학순 목사(UMC 한인총무), 현우식 박사(호서대), 조은하 박사(목원대 부총장), 손원영 박사(그리스도교대), 권수영 박사(연대), 김현숙 박사(연대), 유영권 박사(연대), 김상근 박사(연대), 김동석 박사(연대), 김영호 사장(동연출판사)

3. 연대 대학원
김국환 박사(예성), 이필은 박사(나사렛), 이원일 박사(영남신대), 이용옥 원장, 구미례 박사, 김은정 박사, 김선영 박사(실천신대), 주연수 박사(부산 장신대)

4. 실천신대원 제자들

임성수 목사, 김광중 목사, 박성율 목사, 한기양 목사, 김준호 목사, 이재학 목사, 전형범 목사, 강일구 목사, 박재용 목사, 이광섭 목사, 홍성택 목사, 홍성국 감독, 박행신 목사 , 박국배 목사, 정명일 목사, 박철호 목사, 신동원 목사, 김율곤 목사, 김광년 목사, 최민수 목사, 성현 목사, 엄태호 목사, 정영구 목사, 안석 목사, 엄상신 목사, 박훈서 목사, 손명호 목사, 문병하 목사, 박춘수 목사, 백성기 목사, 홍승표 목사, 박진아 목사, 엄상현 목사, 곽한영 목사, 박홍래 목사, 김기성 목사, 권오묵 선교사, 신재규 선교사, 조현호 목사, 문석영 목사(CYCM 행정기획실장)

5. 연합교회

임태종 목사, 김원쟁 목사, 김선영 목사, 김민호 목사, 이자형 사모, 김찬주 장로, 권순자 권사, 박동규 장로, 이용옥 장로, 은길관 장로, 강경옥 권사, 박한진 권사, 이후경 권사, 허영빈 장로, 이원영 권사, 송신애 권사, 우은주 집사, 이금철 장로

도움을 주신 분들

김재순(전 국회의장), 정원식(전 국무총리), 황교안(전 국무총리), 최지영 박사(황교안 부인), 박영식 교육부 장관(전 연세대 총장), 김도연 서울대 명예교수(전 교육부 장관), 박창일(세브란스 전 원장), 김선도 감독(기감 전 감독 회장), 신경하 감독(기감 전 감독 회장), 민영진 박사(전 성서공회 총무), 박동찬 목사(일산 광림교회), 라제건 회장(각당 복지재단이사장), 이성헌 현 서대문 구청장(전 국회의원), 김종훈 감독(기감 전 서울연회), 최성수 목사(통합), 용홍택 장로(과학 기술처 차관), 장준 장로(연세의료원 기획처장)